EMPREENDEDORISMO NA PRÁTICA

MITOS E VERDADES DO EMPREENDEDOR DE SUCESSO

O GEN | Grupo Editorial Nacional – maior plataforma editorial brasileira no segmento científico, técnico e profissional – publica conteúdos nas áreas de ciências sociais aplicadas, exatas, humanas, jurídicas e da saúde, além de prover serviços direcionados à educação continuada e à preparação para concursos.

As editoras que integram o GEN, das mais respeitadas no mercado editorial, construíram catálogos inigualáveis, com obras decisivas para a formação acadêmica e o aperfeiçoamento de várias gerações de profissionais e estudantes, tendo se tornado sinônimo de qualidade e seriedade.

A missão do GEN e dos núcleos de conteúdo que o compõem é prover a melhor informação científica e distribuí-la de maneira flexível e conveniente, a preços justos, gerando benefícios e servindo a autores, docentes, livreiros, funcionários, colaboradores e acionistas.

Nosso comportamento ético incondicional e nossa responsabilidade social e ambiental são reforçados pela natureza educacional de nossa atividade e dão sustentabilidade ao crescimento contínuo e à rentabilidade do grupo.

JOSÉ DORNELAS

5ª edição

EMPREENDEDORISMO NA PRÁTICA

MITOS E VERDADES DO EMPREENDEDOR DE SUCESSO

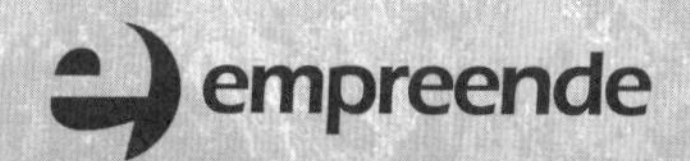

- O autor deste livro e a editora empenharam seus melhores esforços para assegurar que as informações e os procedimentos apresentados no texto estejam em acordo com os padrões aceitos à época da publicação, *e todos os dados foram atualizados pelo autor até a data de fechamento do livro*. Entretanto, tendo em conta a evolução das ciências, as atualizações legislativas, as mudanças regulamentares governamentais e o constante fluxo de novas informações sobre os temas que constam do livro, recomendamos enfaticamente que os leitores consultem sempre outras fontes fidedignas, de modo a se certificarem de que as informações contidas no texto estão corretas e de que não houve alterações nas recomendações ou na legislação regulamentadora.

- Data do fechamento: 28/10/2022

- O autor e a editora se empenharam para citar adequadamente e dar o devido crédito a todos os detentores de direitos autorais de qualquer material utilizado neste livro, dispondo-se a possíveis acertos posteriores caso, inadvertida e involuntariamente, a identificação de algum deles tenha sido omitida.

- **Atendimento ao cliente: (11) 5080-0751 | faleconosco@grupogen.com.br**

- Capa: Manu | OFÁ Design

- Editoração eletrônica: LBA Design

- A 4ª edição foi publicada pela Editora Empreende.

- Ficha catalográfica

CIP-BRASIL. CATALOGAÇÃO NA PUBLICAÇÃO.
SINDICATO NACIONAL DOS EDITORES DE LIVROS, RJ

D757e
5. ed.

Dornelas, José
Empreendedorismo na prática : mitos e verdades do empreendedor de sucesso / José Dornelas. – 5. ed. – Barueri [SP] : Atlas, 2023.

ISBN 978-65-5977-371-8

1. Empreendedorismo. 2. Criatividade nos negócios. 3. Inovação. I. Título.

22-80291 CDD-658.421
CDD-005.342

Gabriela Faray Ferreira Lopes – Bibliotecária – CRB-7/6643

Aos que não se contentam com a mesmice,
que inovam e são comprometidos com os seus sonhos.

Prefácio

O homem, na sua presunção de conquistador da Terra, está montado na consciência de que pode compreender todos os fenômenos físicos e os desígnios da Mãe Natureza. Todavia, a moderna ciência, dotada de instrumentos tecnológicos avançados, vem demonstrando todos os dias que isto não é verdade, insistindo por meios indiretos de que a raça humana deveria ser mais humilde, mais modesta, quando tenta qualquer interpretação mais generalizada.

Do mesmo modo, focando os homens e mulheres deste mundo imenso, também em cada dia compreendemos que a sociedade humana é extraordinariamente complexa, cabendo, do mesmo modo, respeito e cuidado, pensar muito e buscar entender que precisamos de atenção e cautela para abordar qualquer comportamento ou aspiração desenvolvida pela vontade de um único ser humano.

Isto posto, podemos arguir e perguntar:

Por que algumas nações, grupos sociais, instituições e empresas avançam e prosperam? E por que outras não?

Respostas, sabemos, existem! No entanto, a constatação é a de que ainda não tem sido possível colocar tudo em simples fórmulas ou em mecanismos comuns, facilmente adaptados às diferentes condições operativas encontradas neste mundo diversificado, cada vez mais rápido.

O Professor José Dornelas, neste seu livro, procurou ir fundo, entrevistando muitos e pensando acentuadamente em como poderia generalizar métodos e processos para materializar uma das iniciativas, possivelmente a mais importante no sentido de gerar riquezas e oportunidades: o empreendimento. Sabendo que os esforços para empreender estão na raiz da resposta da pergunta "por que alguns prosperam e crescem", colocou seu esforço em consolidar algumas regras básicas e práticas que poderiam ajudar aqueles que, desejando correr riscos, tentam criar seu próprio espaço nos amplos espaços abertos pelas modernas sociedades implantadas nos países desde o início da idade moderna.

Com o imenso progresso da tecnologia das comunicações, o mundo parece hoje menor do que ontem. Sabemos o que está acontecendo no outro lado do Globo de modo instantâneo e com informações completas, como não se conseguia há alguns anos. Uma nova ideia aqui pode já ter sido posta em prática acolá, implementando algo que se consagrou chamar de "competitividade" e que se apresenta entre nós de forma intensa e direta. O tremendo impacto da competição pode ser medido e sentido como resultado da enorme dinâmica da troca das riquezas entre nações e empresas. O resultado disso é que, neste mesmo momento em que estas frases estão sendo lidas, uns ficam mais ricos e ganham; outros, perdem.

São muitos os estudos que geraram os conceitos de base para essas ideias, e muitos deles – consagrados intensamente pelos estudiosos – concentram-se na identificação das chamadas "vantagens competitivas" que podem ser conseguidas e exercidas pelo setor produtivo, por pessoas ou países. Aqueles que coletaram e puderam concentrar um maior número dessas vantagens, operando com eficiência e qualidade em nichos de oportunidade e de mercado identificados, chegaram a conquistar uma boa parcela de sonhados e perseguidos sucessos.

No entanto, a maior vantagem competitiva de qualquer nação ou organização sem dúvida é o ser humano, educado com qualidade, preparado e motivado. De sua cabeça saem ideias de êxito ou caminhos que levam ao sucesso. Daí a importante necessidade da educação e do treinamento dos cidadãos e dos povos, em quantidade e em qualidade. O poder avassalador do conhecimento tem sido decantado, de todos os modos e por todos. Surge, no entanto, a frustração de que, a despeito de tudo o que se procurou fazer ou materializar no setor do ensino, sempre tem sido insuficiente. Realmente, se isto efetivamente se constitui em um problema, sem dúvida, ao mesmo tempo, abre espaço para enormes oportunidades.

É exatamente neste insumo fundamental para o progresso humano que se concentrou o Professor José Dornelas, quando decidiu produzir este livro. Ele não se limitou a produzir informações, mas procurou, com carinho e dedicação, identificar métodos, processos, comportamentos das e para as pessoas, analisando e buscando passar à compreensão do leitor alternativas para a concepção e montagem de cenários, com base em uma impressionante quantidade de experiências vividas.

Em cada página foi colocado esforço para construir caminhos na direção do sucesso. Mais do que isto, fornecer argumentos para a "fabricação" de pessoas que, entendendo como outros conseguiram, pudessem criar empreendimentos duradouros e contributivos ao êxito de sua região e do próprio país. O nosso autor fez a si mesmo uma proposta nada fácil! No entanto, conseguiu dar uma contribuição significativa.

A prosperidade das nações mais ricas, e que concedem aos seus povos melhor qualidade de vida, logrou-se devido à indução e à preparação dos seus cidadãos para que fossem mais ricos via discernimento e capacidade de empreender. Isso somente foi possível como consequência de significativos investimentos em educação, cultura e desenvolvimento científico e tecnológico. O contínuo poder de criação e da geração de novos produtos e serviços, identificado nos países de êxito social e econômico, mostra que, quando há um contexto para o trabalho em ambiente de liberdade e de estimulantes incentivos à inovação, os resultados são muito melhores do que aqueles encontrados em sociedades, como a nossa, ainda muito dependentes de conhecimento externo e de intenso dirigismo governamental. Estudos realizados por diferentes pesquisadores mostram expressiva conexão entre a liberdade de criar e prosperar e o êxito econômico das nações.

Se tentarmos olhar para o futuro, embora considerada uma proposta difícil, não seria uma extrapolação visionária dizer-se que o Mundo, mesmo com as dificuldades econômicas que parecem colocar pesado véu de fumaça ante os nossos olhos, está vivendo uma fase de prosperidade, claramente sem precedentes no passado. A humanidade conseguiu entrar em um período de geração de conhecimentos que poderá dobrar a cada década, ou menos, e que pode abrir perspectivas para trazer progresso para bilhões de pessoas em todo o planeta, desde que se alterem padrões básicos de comportamento e de caráter cultural.

A partir de anos recentes, tem sido possível identificar transformações realmente espetaculares e que já estão moldando o futuro. Nos países mais desenvolvidos, novas tecnologias trouxeram grande aumento da produtividade e determinaram altos valores de crescimento absoluto. Tudo indica que a evolução do conhecimento humano vai continuar a dar dramáticas contribuições ao crescimento e ao progresso econômico de regiões extensas e de suas populações. Países, como o nosso, populoso e de grandes dimensões geográficas, não podem ficar à margem desse processo que pode ser considerado de mudanças realmente alucinantes. Muito ao contrário, temos as melhores condições de superar outras nações menos aquinhoadas.

Temos de confiar que podemos enfrentar o desafio e participar deste cenário estimulante e provocante. Dizem os chineses que o melhor momento para se buscar oportunidades é durante as crises. Assim, neste início de novo Século, as nações mais desenvolvidas estão forjando trajetórias baseadas nos avanços da cultura, da ciência e da tecnologia, mostrando com clareza que o desenvolvimento vem da liberdade para empreender e do crescimento do cidadão. O papel reservado para o Estado deve ser o de estimular e garantir as condições operativas de uma sociedade eficiente e parceira dos criadores de riqueza.

Em resumo, abertura, liberdade econômica, reestruturação, planejamento de longo prazo, respeito aos cidadãos e estímulos aos geradores da riqueza nacional, em qualquer dos seus segmentos, são com clareza a regra do jogo mundial. As nações que adotaram as fórmulas da desregulamentação, da privatização, facilitação aos investimentos e corte do tamanho do Estado – atingindo, por consequência, a eliminação ou a redução dos déficits públicos – tiveram sucesso. Infelizmente, no nosso país ainda não fomos capazes de encontrar tal caminho. No entanto, sejamos otimistas e vamos trabalhar duramente, cada um contribuindo com sua parte – por menor que seja – para que possamos mudar este quadro e ver o Brasil prosperar e crescer.

O Professor José Dornelas, com seu imenso trabalho de pesquisas e de coletânea de experiências, agora nos oferece muito. Posso, portanto, agradecer a honra que me concedeu de redigir este prefácio. Espero que, nas mãos daqueles que venham ter a oportunidade de lê-lo, ele possa ser útil. Do mesmo modo, como o autor, desejo que o esforço feito – mesmo para aqueles leitores que encontrem lacunas, que certamente existirão – sirva para que pelo menos suas reflexões sejam usadas e que os pensamentos delas gerados persuadam os leitores a prosseguir com seus empreendimentos, no objetivo de coletar maior concórdia, harmonia e competência, usando tudo isto como ferramentas e instrumentos para ligar milhões de homens e mulheres permanentemente à luta e ao trabalho para vencer.

Ozires Silva

Engenheiro formado pelo ITA. Já ocupou a presidência de empresas como Embraer (da qual também foi fundador), Petrobras e Varig. Também ocupou o Ministério da Infraestrutura.

Agradecimentos

Este livro é fruto de um trabalho extenso e que levou mais de quatro anos para ser concluído. Uma equipe motivada e – por que não dizer – empreendedora fez o resultado aqui apresentado se tornar realidade. Sem o apoio, motivação e trabalho árduo dessa equipe, este trabalho não deixaria de ser apenas um sonho, uma vontade.

Empreender é a arte de fazer acontecer, de transformar sonhos em realidade. Foi isso que a equipe aqui envolvida fez. Por isso é meu dever agradecer à Ana Paula, à Carolina e, principalmente, ao Caio Ferraz Jr., o principal responsável pelas compilações das 399 entrevistas utilizadas como base no estudo. Além de compilar, ler e reler várias vezes cada uma delas (com cinco a quinze páginas cada), Caio criou um completo instrumento de análise, que permitiu chegarmos a conclusões importantes, as quais auxiliarão na compreensão do fenômeno de empreender no Brasil. Além disso, boa parte das análises do Capítulo 3 foi enriquecida com a contribuição do Caio.

Agradeço ainda aos meus alunos, que fizeram muitas das entrevistas, e aos empreendedores entrevistados, sem os quais este livro não se tornaria realidade.

Sumário

Introdução

Já havia algum tempo, eu pensava em desenvolver um estudo amplo sobre os empreendedores brasileiros de sucesso, algo que despertava não só a minha curiosidade, como a de várias pessoas com as quais tenho convivido desde que decidi me dedicar com bastante ênfase ao tema empreendedorismo, nos idos da década de 1990.

Ao analisar o que diz a literatura internacional sobre o perfil do empreendedor de sucesso, percebi que existem vários estudos desenvolvidos há décadas sobre esse tema e há muita polêmica também. Alguns autores internacionais e profundos pesquisadores na área de empreendedorismo simplesmente rechaçam a ideia de que para ter sucesso é necessário possuir um perfil especial ou um conjunto de características que distinguem os bem-sucedidos daqueles que não conquistam seus objetivos. Outros autores, porém, em busca de uma explicação de por que algumas pessoas são mais bem-sucedidas que outras, construíram nos últimos 30 ou 40 anos várias hipóteses e buscaram validá-las por meio de pesquisas extensas com grupos diversificados de empresários ao redor do mundo.

Com isso foi se identificando um conjunto de características, traços, formas de agir e maneiras de pensar que levou à definição do que seria o perfil do empreendedor de sucesso. Longe de ser uma regra rígida, o que se encontra na literatura e nos estudos mais profundos sobre o tema nem sempre leva o leitor a uma conclusão única com um perfil típico e imutável. Na verdade, existem várias características que estão muito presentes nos empreendedores, mas que também podem estar presentes em pessoas que não empreendem. A dificuldade de rotular quem é e como age o empreendedor não é pouca, e por isso o termo "empreendedor" é tão utilizado nos dias atuais para caracterizar pessoas que de alguma forma se destacam em suas áreas de atuação.

É importante salientar que para ser empreendedor não é necessário ser empresário. E o contrário também deve ser ressaltado: nem todo empresário pode ser considerado um empreendedor. Acredito que essa passagem ficará mais clara com a leitura dos próximos capítulos deste livro, mas citarei um exemplo. Considere um esportista dedicado, que planeja sua preparação antes de uma competição que ocorrerá em quatro anos (uma olimpíada, por exemplo); estabelece metas e marcos de desenvolvimento, analisa seus competidores, adquire novas habilidades, procura desenvolver uma visão de como será o cenário para a grande competição e se antecipa aos acontecimentos... Com certeza esse esportista estará muito mais preparado para a vitória que os demais competidores que não fizerem o mesmo. A isso se deve somar a competência técnica e, em se tratando de um esporte coletivo, a habilidade de se relacionar em equipe. Esse exemplo poderia facilmente ter sido feito para o mundo empresarial e, nesse caso, além de todas as características citadas para o esportista, deveriam ser levadas em consideração também as competências gerenciais, necessárias para criar e gerir um negócio. Você com certeza pode citar vários exemplos de empresários que simplesmente criam empresas, mas que não fazem a "lição de casa" do esportista e que, por isso, na maioria das vezes, não são bem-sucedidos.

Então, a questão principal que se busca responder ao longo deste livro é "o que é mito e o que é verdade sobre o empreendedor de sucesso?", ou uma questão ainda mais importante após você saber como pensa e age o empreendedor de sucesso: como desenvolver habilidades e competências empreendedoras para atingir o sucesso? O diferencial desta obra está na sua aplicabilidade prática. Não se procura aqui apresentar uma revisão extensa da literatura sobre perfil empreendedor, mas apresentar a você os resultados do mais completo estudo realizado no país com empreendedores de sucesso e dicas de como você poderá usar esses resultados em seu proveito, desenvolvendo seu perfil empreendedor.

A partir de um estudo realizado ao longo de mais de quatro anos, envolvendo mais de 800 pessoas e uma equipe de quatro pesquisadores, este livro foi tomando forma, e o resultado final apresentado aqui com certeza contribuirá para o desenvolvimento de novos empreendedores de sucesso. Mas o que espero sinceramente é que contribua para o seu desenvolvimento, caso opte pela fascinante jornada empreendedora.

1

Quem é o empreendedor

Willian Gartner publicou em 1989 um artigo que se tornou um clássico. O título era "*Quem é o empreendedor?* é a pergunta errada".[1] Isso porque na década de 1980 havia muita discussão entre os especialistas internacionais sobre quais seriam as características dos empreendedores de sucesso. As críticas de Gartner se justificaram devido à excessiva ênfase em tentar entender o perfil psicológico do empreendedor. Sua tese era de que o empreendedor criava organizações e as levava ao sucesso e por isso seu perfil não tinha muita relação com características psicológicas, mas com o ato de agir na gestão de uma empresa e seu envolvimento com o ambiente corporativo.

A tentativa de entender quem é o empreendedor não é recente e o próprio Gartner fez uma completa revisão sobre o que se dizia a respeito dos empreendedores. Outros pesquisadores também têm feito o mesmo, como é o caso do estudo desenvolvido por James Carland e equipe.[2] O Quadro 1.1 a seguir procura resumir as revisões realizadas por esses pesquisadores. Há muita semelhança nos resultados de vários estudos e algumas características empreendedoras são mencionadas na maioria deles, como é o caso, por exemplo, de "busca de realização" e "assumir riscos", e que atualmente são consideradas características íntimas dos empreendedores. A compilação apresentada no Quadro 1.1 é bem extensa, mas não se propõe a extinguir a discussão sobre o tema.

Quadro 1.1 Principais características empreendedoras por vários autores

Ano	Autores	Principais características empreendedoras encontradas
1848	Mill	Assumir riscos
1917	Weber	Autoridade formal
1934	Schumpeter	Inovação, iniciativa
1954	Sutton	Desejo de responsabilidade
1959	Hartman	Autoridade formal

Quadro 1.1 Principais características empreendedoras por vários autores (Continuação)

Ano	Autores	Principais características empreendedoras encontradas
1961	McClelland	Assumir riscos, necessidade de realização, otimismo, relacionamento (afiliação), poder, autoconsciência
1963	Davids	Ambição, desejo de independência, responsabilidade, autoconfiança
1964	Pickle	Foco, relacionamento, habilidade de comunicação, conhecimento técnico
1969	Gould	Percepção de oportunidade, motivado pela realização
1969	Wainer & Rubin	Realização, poder e afiliação
1970	Collins & Moore	Satisfação e prazer pelo que faz
1970	Hornaday & Bunker	Necessidade de realização, inteligência, criatividade, iniciativa, liderança, desejo de ganhar dinheiro, desejo de reconhecimento, orientado à realização, poder, tolerância às incertezas
1971	Palmer	Mensuração do risco
1971	Hornaday & Aboud	Necessidade de realização, autonomia/independência, histórico familiar, agressividade, poder, reconhecimento, inovação, independência
1972	Draheim	Experiência, credibilidade
1972	Howell	Influências (modelos de referência)
1973	Winter	Necessidade de poder
1974	Borland	Autocontrole
1974	Liles	Necessidade de realização
1977	Gasse	Orientado a valores pessoais
1978	Timmons	Foco/centrado, autoconfiança, orientado a meta, risco calculado, autocontrole, criatividade, inovação
1979	DeCarlo & Lyons	Realização, independência e liderança
1980	Brockhaus	Propensão a assumir riscos
1980	Hull, Bosley & Udell	Interesse em fama e dinheiro, autocontrole, propensão a assumir riscos, criatividade, realização
1980	Sexton	Energia/ambição, reação positiva ao fracasso (superação)
1981	Hisrich & O'Brien	Autodisciplina, perseverança, desejo de sucesso, orientado pela ação, orientado a metas

Quadro 1.1 Principais características empreendedoras por vários autores (Continuação)

Ano	Autores	Principais características empreendedoras encontradas
1981	Mescon & Montanari	Realização, autonomia, dominância, controle, organização
1981	Welsch & White	Necessidade de controlar, busca por responsabilidade, autoconfiança, assume desafios, risco calculado
1982	Dunkelberg & Cooper	Orientado ao crescimento, senso de independência, especialização
1982	Welsch e Young	Autocontrole, maquiavelismo, autoestima, assume riscos, aberto à inovação, otimismo

Um estudo posterior[3] também procurou identificar o que os autores e pesquisadores da área citavam como as características mais marcantes dos empreendedores. Foram identificadas mais de 50 características atribuídas aos empreendedores em 25 artigos publicados em periódicos internacionais e em livros de referência no período de 1972 a 2005. A Figura 1.1 apresenta uma compilação das características mais citadas (número de citações de cada característica), com destaque para: capacidade de correr riscos, independência/autonomia, capacidade de inovar e necessidade de realização.

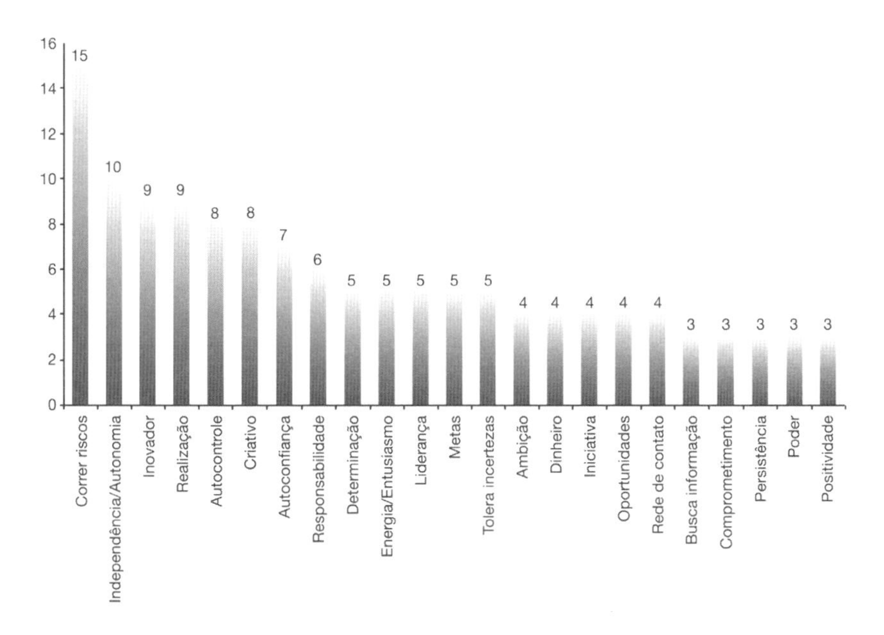

Figura 1.1 - Características dos empreendedores mais citadas pelos pesquisadores.[3]

Pode-se notar então que não há muita variação sobre o que dizem os autores e pesquisadores do tema quanto às características do empreendedor ao longo das últimas décadas, apesar de algumas serem mais citadas que outras e de haver uma quantidade expressiva delas. Por isso também existem várias definições sobre o que é ser empreendedor, e isso dificulta criar rótulos para poder identificá-los. Na pesquisa que resultou neste livro, dois conjuntos de características foram usados como referência para efeitos de comparações e são apresentados a seguir. Ambos têm muita similaridade e algumas singularidades também. O primeiro conjunto foi desenvolvido ao longo dos anos e aplicado via testes de perfil empreendedor a milhares de brasileiros (Quadro 1.2).

Quadro 1.2 Características dos Empreendedores de Sucesso[4]

CARACTERÍSTICAS DOS EMPREENDEDORES DE SUCESSO - Conjunto 1	
São visionários	Eles têm a visão de como será o futuro para o seu negócio e sua vida, e o mais importante: têm a habilidade de implementar seus sonhos.
Sabem tomar decisões	Não se sentem inseguros, sabem tomar as decisões corretas na hora certa, principalmente nos momentos de adversidade, sendo este um fator chave para o seu sucesso. E mais: além de tomar decisões, implementam suas ações rapidamente.
São indivíduos que fazem a diferença	Os empreendedores transformam algo de difícil definição, uma ideia abstrata, em algo concreto, que funciona, transformando o que é possível em realidade (Kao, 1989; Kets de Vries, 1997). Sabem agregar valor aos serviços e produtos que colocam no mercado.
Sabem explorar ao máximo as oportunidades	Para a maioria das pessoas, as boas ideias são daqueles que as veem primeiro, por sorte ou acaso. Para os visionários (os empreendedores), as boas ideias são geradas daquilo que todos conseguem ver sem poder identificar algo prático para transformá-las em oportunidade, através de dados e informação. Para Schumpeter (1949), o empreendedor é aquele que quebra a ordem corrente e inova, criando mercado através de uma oportunidade identificada. Para Kirzner (1973), o empreendedor é aquele que cria um equilíbrio, encontrando uma posição clara e positiva em um ambiente de caos e turbulência, ou seja, identifica oportunidades na ordem presente. Porém, ambos são enfáticos em afirmar que o empreendedor é um exímio identificador de oportunidades, sendo um indivíduo curioso e atento a informações, pois sabe que suas chances melhoram quando seu conhecimento aumenta.
São determinados e dinâmicos	Eles implementam suas ações com total comprometimento. Atropelam as adversidades, ultrapassando os obstáculos, com uma vontade ímpar de "fazer acontecer". Mantêm-se sempre dinâmicos e cultivam um certo inconformismo diante da rotina.

Quadro 1.2 Características dos Empreendedores de Sucesso
(Continuação)

CARACTERÍSTICAS DOS EMPREENDEDORES DE SUCESSO – Conjunto 1	
São dedicados	Eles se dedicam 24h por dia, 7 dias por semana, ao seu negócio. Comprometem o relacionamento com amigos, com a família e até mesmo com a própria saúde. São trabalhadores exemplares, encontrando energia para continuar, mesmo quando encontram problemas pela frente. São incansáveis e loucos pelo trabalho.
São otimistas e apaixonados pelo que fazem	Eles adoram o seu trabalho. E é esse amor ao que fazem o principal combustível que os mantém cada vez mais animados e autodeterminados, tornando-os os melhores vendedores de seus produtos e serviços, pois sabem, como ninguém, como fazê-lo. O otimismo faz com que sempre enxerguem o sucesso, em vez de imaginar o fracasso.
São independentes e constroem seu próprio destino	Eles querem estar à frente das mudanças e ser donos do próprio destino. Querem ser independentes, em vez de empregados; querem criar algo novo e determinar seus próprios passos, abrir seus próprios caminhos, ser seu próprio patrão e gerar empregos.
Ficam ricos	Ficar rico não é o principal objetivo dos empreendedores. Eles acreditam que o dinheiro é consequência do sucesso dos negócios.
São líderes e formadores de equipes	Os empreendedores têm um senso de liderança incomum. E são respeitados e adorados por seus funcionários, pois sabem valorizá-los, estimulá-los e recompensá-los, formando um time em torno de si. Sabem que, para obter êxito e sucesso, dependem de uma equipe de profissionais competentes. Sabem ainda recrutar as melhores cabeças para assessorá-lo nos campos onde não detêm o melhor conhecimento.
São bem relacionados (*networking*)	Os empreendedores sabem construir uma rede de contatos que os auxiliam no ambiente externo da empresa, junto a clientes, fornecedores e entidades de classe.
São organizados	Sabem obter e alocar os recursos materiais, humanos, tecnológicos, e financeiros, de forma racional, procurando o melhor desempenho para o negócio.
Planejam, planejam, planejam	Muitos empreendedores de sucesso planejam cada passo de seu negócio, desde o primeiro rascunho da ideia (e/ou formalizando um plano de negócios), até a apresentação do plano a investidores, definição das estratégias de marketing do negócio etc., sempre tendo como base a forte visão de negócio que possuem.
Possuem conhecimento	São sedentos pelo saber e aprendem continuamente, pois sabem que, quanto maior o domínio sobre um ramo de negócio, maior é sua chance de êxito. Esse conhecimento pode vir da experiência prática, de informações obtidas em publicações especializadas, em cursos, ou mesmo de conselhos de pessoas que montaram empreendimentos semelhantes.

Quadro 1.2 Características dos Empreendedores de Sucesso
(Continuação)

CARACTERÍSTICAS DOS EMPREENDEDORES DE SUCESSO - Conjunto 1	
Assumem riscos calculados	Talvez esta seja a característica mais conhecida dos empreendedores. Mas o verdadeiro empreendedor é aquele que assume riscos calculados e sabe gerenciá-los, avaliando as reais chances de sucesso. Assumir riscos tem relação com desafios. E para o empreendedor, quanto maior o desafio, mais estimulante será a jornada empreendedora.
Criam valor para a sociedade	Os empreendedores utilizam seu capital intelectual para criar valor para a sociedade, através da geração de emprego, dinamizando a economia e inovando, sempre usando sua criatividade em busca de soluções para melhorar a vida das pessoas.

O segundo conjunto é um dos mais utilizados no país, haja vista ser a base do Serviço Brasileiro de Apoio às Micro e Pequenas Empresas (Sebrae), principal instituição de apoio ao empreendedorismo no Brasil (Quadro 1.3).

Quadro 1.3 Conjunto de características dos empreendedores de sucesso utilizado pelo Sebrae[5]

CARACTERÍSTICAS DOS EMPREENDEDORES DE SUCESSO - Conjunto 2
Grupo de características relacionadas à **realização** • Busca de oportunidades e iniciativa • Correr riscos calculados • Exigir qualidade e eficiência • Persistência • Comprometimento
Grupo de características relacionadas ao **planejamento** • Busca de informações • Estabelecimento de metas • Planejamento e monitoramento sistemático
Grupo de características relacionadas ao **poder** • Persuasão e rede de contatos • Independência e autoconfiança

A provocação de Gartner ainda permanece em evidência, pois mais e mais pesquisadores continuam a definir novas características, sem que se chegue a uma resposta única de quem é o empreendedor. Talvez esta seja a resposta, de que não há um modelo único de empreendedor ou uma definição única.

Porém, há proposições clássicas que sempre são utilizadas como referência e que foram consideradas neste livro.

A destruição criativa postulada por Joseph Schumpeter nos anos 1930 é uma dessas proposições, como também é a proposição de Cantillon, que nos idos de 1700 definiu o empreendedor como um ser racional, que assume riscos e gerencia empreendimentos. O que se percebe é que em qualquer definição encontram-se, pelo menos, os seguintes aspectos referentes ao empreendedor:

- Iniciativa para criar algo novo e paixão pelo que faz.
- Utiliza os recursos disponíveis de forma criativa transformando o ambiente social e econômico onde vive.
- Aceita assumir os riscos e a possibilidade de fracassar.

Tomando os aspectos acima como premissa, pode-se então definir o empreendedor de maneira abrangente e, ao mesmo tempo, objetiva:

"O empreendedor é aquele que faz acontecer, se antecipa aos fatos e tem uma visão futura da organização" (Dornelas, 2001).

Notas

[1] GARTNER, W. "Who is an entrepreneur?" is the wrong question. *Entrepreneurship Theory and Practice*, 1989.

[2] CARLAND, J. W.; HOY, F.; BOULTON, W. R.; CARLAND, J. A. C. Differentiating entrepreneurs from small business owners: a conceptualization. *The Academy of Management Review*, v. 9, n. 2, abr. 1984.

[3] WALTER, S.; WITTE, A.; TONTINI, G.; SCHMIDT, C.; DORNELAS, J. Empreendedor startup X empreendedor corporativo: um enfoque na literatura sobre suas semelhanças e diferenças. *Gestão em Empreendedorismo*, 1, Blumenau, Nova Letra, 2005.

[4] DORNELAS, José. *Empreendedorismo:* transformando ideias em negócios. 9. ed. São Paulo: Atlas, 2023.

[5] Conjunto de características dos empreendedores usado como referência pelo Sebrae (www.sebrae.com.br), tendo como base as pesquisas realizadas por David McClelland nas décadas de 1960 e 1970.

2

Tipos de empreendedores

Como foi adiantado no capítulo anterior, não existe um único tipo de empreendedor ou um modelo padrão que possa ser identificado, apesar de várias pesquisas existentes sobre o tema terem como objetivo encontrar um estereótipo universal. Por isso é difícil rotulá-los. Por outro lado, esse fato mostra que se tornar empreendedor é algo que pode acontecer a qualquer um.

É bastante comum uma pessoa, ao ser questionada a dar um exemplo de empreendedor, lembrar-se daqueles mais famosos, que têm exposição na mídia, que lideram grandes empresas e que geralmente são bem-sucedidos financeiramente. Exemplos como Silvio Santos, Jorge Paulo Lemann, Luiza Helena, são recorrentes. Mas a pergunta seguinte é se eles são natos ou se podem se preparar para ser empreendedores. E depois, se são influenciados pela família, se atuam no mundo corporativo, se são empreendedores sociais, profissionais liberais etc.

Portanto, há vários tipos de empreendedores, mas, como o tema empreendedorismo está em franca expansão e disseminação, é provável que, com o passar dos anos, novas denominações surjam. A seguir, no Quadro 2.1, alguns exemplos e considerações para cada denominação de empreendedor são apresentados, tendo como pano de fundo algumas possíveis categorizações, tais como: área ou setor de atuação, comportamento, objetivo financeiro etc.

O empreendedor do negócio próprio é o tipo mais comum e, por isso, durante muitos anos, rotulou-se designar o empresário, dono de uma empresa, como sinônimo de empreendedor e vice-versa. As várias definições apresentadas anteriormente mostraram que empreender vai além da criação e gestão da própria empresa. Mas como um dos objetivos deste livro é entender como pensa e age o empreendedor do negócio próprio, cabe analisar seus subtipos.

Assim, o empreendedor do negócio próprio pode ainda ser classificado em subtipos ou perfis que constituem os vários grupos de indivíduos que buscam realizar seus sonhos criando e gerindo uma empresa. A maioria dos subtipos mais comuns é listada a seguir.

Quadro 2.1 Classificação de tipos de empreendedores

Empreendedor informal (necessidade)

Há vários exemplos que se enquadram nesta categoria, tais como pessoas que vendem mercadorias nas esquinas das ruas, em barracas improvisadas, nos semáforos etc.; vendedores ambulantes; autônomos que prestam serviços diversos. O típico empreendedor informal é conhecido na literatura como empreendedor de necessidade, pois cria o próprio negócio por não ter alternativa. Geralmente não tem acesso ao mercado de trabalho ou foi demitido. Não resta outra opção a não ser trabalhar por conta própria. Envolve-se em negócios informais como os citados anteriormente desenvolvendo tarefas simples, prestando serviços e conseguindo como resultado pouco retorno financeiro. É um grande problema social para os países em desenvolvimento, pois, apesar de ter iniciativa, trabalhar arduamente e buscar de todas as formas a sua subsistência e a dos seus familiares, não contribui para o desenvolvimento econômico. Na verdade, os empreendedores de necessidade são vítimas do modelo capitalista atual, pois não têm acesso a recursos, à educação e às mínimas condições para empreender de maneira estruturada. Suas iniciativas empreendedoras são simples, pouco inovadoras, muitas vezes não contribuem com impostos e outras taxas e acabam por inflar as estatísticas empreendedoras de países em desenvolvimento como o Brasil. Sua existência em grande quantidade é um problema social.

Empreendedor cooperado

Artesãos que se unem em uma cooperativa; catadores de lixo reciclável que criam uma associação para poder ganhar escala e negociar a venda do que produzem/reciclam com empresas; o indivíduo que empreende seu pequeno negócio/propriedade rural e que se associa a demais empreendedores do mesmo ramo para, em conjunto, suprir a demanda de um laticínio, por exemplo. Ser um empreendedor cooperado é um possível caminho a ser seguido para deixar de ser um empreendedor por necessidade.

Empreendedor individual

É o antigo empreendedor informal e de necessidade que, agora legalizado, começa a ter uma empresa de fato, contrata funcionários, pode crescer e, quem sabe, deixará de ser um empreendedor individual para ser dono de um negócio maior. Ser um empreendedor individual pode transformar o empreendedor de necessidade em empreendedor de oportunidade.

Franquia

O franqueado é aquele que inicia uma empresa a partir de uma marca já desenvolvida por um franqueador; sua atuação é local/regional, e alguns dos setores que mais se destacam são alimentação, vestuário e educação/treinamento. O franqueador é um empreendedor visionário que vê no modelo de negócio de franquias uma maneira de ganhar escala e tornar sua marca conhecida rapidamente.

Quadro 2.1 Classificação de tipos de empreendedores *(Continuação)*

Empreendedor social
O empreendedor social tem como missão de vida construir um mundo melhor para as pessoas. Envolve-se em causas humanitárias com comprometimento singular. Tem um desejo imenso de mudar o mundo criando oportunidades para aqueles que não têm acesso a elas. Suas características são similares aos demais empreendedores, mas a diferença é que se realizam vendo seus projetos trazer resultados aos outros e não a si mesmos. São um fenômeno mundial e, principalmente em países em desenvolvimento, como o Brasil, têm um papel social extremamente importante, já que através de suas ações e das organizações que criam preenchem lacunas deixadas pelo poder público. Esses empreendedores geralmente criam ou se envolvem com uma organização sem fins lucrativos para cumprir um determinado objetivo social: educação a quem não tem acesso, melhoria na qualidade de vida das pessoas, desenvolvimento de projetos sustentáveis, arte, cultura etc. O típico empreendedor social não aufere lucro com a iniciativa, mas pode ser remunerado como um funcionário ou associado; mais recentemente, surgiu um modelo intermediário, conhecido como setor dois e meio, no qual o empreendedor social busca cumprir seu objetivo de mudar e melhorar a sociedade onde vive e ainda consegue auferir lucro com a iniciativa.
Empreendedor corporativo
São funcionários conscientes de seu papel na organização onde trabalham e que trazem ideias e executam projetos que visem ao crescimento da empresa no longo prazo; pessoas que inovam na empresa estabelecida, em todos os níveis hierárquicos. O empreendedor corporativo tem ficado mais em evidência nos últimos anos, devido à necessidade das grandes organizações em se renovar, inovar e criar novos negócios. São geralmente executivos muito competentes, com capacidade gerencial e conhecimento de ferramentas administrativas. Trabalham de olho nos resultados para crescer no mundo corporativo. Assumem riscos e têm o desafio de lidar com a falta de autonomia, já que nunca terão o caminho 100% livre para agir. Isso faz com que desenvolvam estratégias avançadas de negociação. São hábeis comunicadores e vendedores de suas ideias. Desenvolvem seu *networking* dentro e fora da organização. Convencem as pessoas a fazerem parte de seu time e sabem reconhecer o empenho da equipe. Sabem se autopromover e são ambiciosos. Não se contentam em ganhar o que ganham e adoram planos com metas ousadas e recompensas variáveis. Se saírem da corporação para criar o próprio negócio, podem ter problemas no início, já que estão acostumados com as regalias e o acesso a recursos do mundo corporativo.
Empreendedor público
São pessoas comprometidas com o coletivo, que não se deixam cair na monotonia por ter estabilidade no emprego; pelo contrário, querem melhorar os serviços à população e propõem maneiras de utilizar os recursos públicos com mais eficiência; apesar do rótulo totalmente oposto ao empreendedorismo que comumente é atribuído aos funcionários públicos, na verdade há muitos empreendedores públicos que fazem a diferença e trabalham por um país mais justo e igualitário; não se pode confundir este empreendedor com os políticos que utilizam o conceito do empreendedorismo para a autopromoção.

Quadro 2.1 Classificação de tipos de empreendedores *(Continuação)*

Empreendedor do conhecimento
Há inúmeros exemplos que se enquadram nesta categoria, tais como um atleta que se prepara com dedicação, planeja a melhor estratégia para otimizar seu desempenho e executa com perfeição o que planejou, realizando seu sonho em uma olimpíada; o advogado, dentista, médico, enfim, o profissional liberal que quer fazer a diferença; o maestro que rege a orquestra com perfeição e entusiasma a audiência com o resultado obtido; o escritor que estimula as pessoas a sonhar e viver o papel do protagonista da história.
Negócio próprio
O típico dono do próprio negócio é o indivíduo que busca autonomia, quer ser patrão e cria uma empresa "estilo de vida", sem maiores pretensões de crescimento, para manter um padrão de vida aceitável, que lhe atribua o *status* de pertencente à classe média. O problema é que o negócio "estilo de vida" é de alto risco, já que há muitos concorrentes fazendo o mesmo que você e tentando conquistar os mesmos clientes. O empreendedor do negócio próprio que pensa grande também arrisca, mas pode construir algo duradouro e que eventualmente muda o mundo, ou pelo menos a sua região, cidade, comunidade; o dono do próprio negócio que cria uma empresa pensando em crescer pode inclusive ser um franqueador, permitindo que outros empreendedores utilizem sua marca e modelo de negócio em outras localidades e, com isso, todos ganham.

Subtipo 1 – O empreendedor nato (o mitológico)

Geralmente são os mais conhecidos e aclamados. Suas histórias são brilhantes e muitas vezes começaram do nada e criam grandes impérios. Começam a trabalhar muito jovens e adquirem habilidade de negociação e de vendas. Em países ocidentais, estes empreendedores natos são, em sua maioria, imigrantes ou filhos e netos de imigrantes. São visionários, otimistas, estão à frente do seu tempo e comprometem-se 100% para realizar seus sonhos. Suas referências e exemplos a seguir são os valores familiares e religiosos e eles mesmos acabam por se tornar uma grande referência. Se você perguntar a um empreendedor nato quem ele admira, será comum que se lembre da figura paterna/materna ou algum familiar mais próximo ou, em alguns casos, que não haja nenhum exemplo específico para citar. Exemplos: Bill Gates, Andrew Carnegie, Silvio Santos, Irineu Evangelista de Souza (Barão de Mauá) etc.

Subtipo 2 – O empreendedor que aprende (o inesperado)

Este tipo de empreendedor tem sido muito comum. É normalmente uma pessoa que, quando menos esperava, se deparou com uma oportunidade de negócio e tomou a decisão de mudar o que fazia na vida para se dedicar ao negócio próprio. É o caso clássico de quando a oportunidade bate à porta. É uma pessoa que nunca pensou em ser empreendedor, que antes de se tornar um via a alternativa de carreira em grandes empresas como a única possível. O momento de disparo ou de tomada de decisão ocorre quando alguém o convida para fazer parte de uma sociedade ou ainda quando ele mesmo percebe que pode criar um negócio próprio. Geralmente demora um pouco para tomar a decisão de mudar de carreira, a não ser que esteja em situação de perder o emprego ou já tenha sido demitido. Antes de se tornar empreendedor, acreditava que não gostava de assumir riscos. Tem que aprender a lidar com as novas situações e se envolver em todas as atividades de um negócio próprio. Quem está pensando em uma alternativa à aposentadoria muitas vezes se encaixa nesse tipo.

Subtipo 3 – O empreendedor serial (cria vários negócios)

O empreendedor serial é aquele apaixonado não apenas pelas empresas que cria, mas principalmente pelo ato de empreender. É uma pessoa que não se contenta em criar um negócio e ficar à frente dele até que se torne uma grande corporação. Como geralmente é uma pessoa dinâmica, prefere os desafios e a adrenalina envolvidos na criação de algo novo a assumir uma postura de executivo que lidera grandes equipes. Normalmente está atento a tudo que ocorre ao seu redor e adora conversar com as pessoas, participar de eventos, associações, fazer *networking*. Para este tipo de empreendedor, o termo "tempo é dinheiro" cai como uma luva. Geralmente tem uma habilidade incrível de montar equipes, motivar o time, captar recursos para o início do negócio e colocar a empresa em funcionamento. Sua habilidade maior é acreditar nas oportunidades e não descansar enquanto não as ver implementadas. Ao concluir um desafio, precisa de outros para se manter motivado. Às vezes se envolve em vários negócios ao mesmo tempo (nesse caso, poderia até ser chamado de empreendedor paralelo e não apenas serial!) e não é incomum ter várias histórias de fracasso. Mas estas servem de estímulo para a superação do próximo desafio.

Subtipo 4 – O empreendedor herdeiro (sucessão familiar)

O empreendedor herdeiro recebe logo cedo a missão de levar à frente o legado de sua família. Empresas familiares fazem parte da estrutura empresarial de todos os países e muitos impérios foram construídos nos últimos anos por famílias empreendedoras, que mostraram habilidade de passar o bastão a cada nova geração. Mais recentemente, porém, tem ocorrido a chamada profissionalização da gestão de empresas familiares, através da contratação de executivos de mercado para a administração e da criação de uma estrutura de governança corporativa, em que os herdeiros opinam no conselho de administração e não necessariamente assumem cargos executivos na empresa. O desafio do empreendedor herdeiro é multiplicar o patrimônio recebido. Isso tem sido cada vez mais difícil. O empreendedor herdeiro aprende a arte de empreender com exemplos da família e geralmente segue seus passos. Muitos começam bem cedo a entender como o negócio funciona e a assumir responsabilidades na organização e acabam por ocupar cargos de direção ainda jovens. Alguns têm senso de independência e desejo de inovar, de mudar as regras do jogo. Outros são conservadores e preferem não mexer no que tem dado certo. Estes extremos na verdade mostram que existem variações no perfil do empreendedor herdeiro. Mais recentemente, os próprios herdeiros e suas famílias, preocupados com o futuro de seus negócios, têm optado por buscar mais apoio externo, através de cursos de especialização, MBAs, programas especiais voltados a empresas familiares, com o objetivo de não tomar decisões apenas com base na experiência e na história de sucesso das gerações anteriores.

Subtipo 5 – O "normal" (planejado)

Toda teoria sobre o empreendedor de sucesso sempre apresenta o planejamento como uma das mais importantes atividades desenvolvidas por ele. E isso tem sido comprovado nos últimos anos, já que o planejamento aumenta a probabilidade de um negócio ser bem-sucedido e, em consequência, leva mais empreendedores a usarem esta técnica para garantir melhores resultados. O empreendedor que "faz a lição de casa", que busca minimizar riscos, que se preocupa com os próximos passos do negócio, que tem uma visão de futuro clara e que trabalha em função de metas é o empreendedor aqui definido como o "normal" ou planejado. "Normal" do ponto de vista do que se espera de um empreendedor, mas não necessariamente do que se encontra nas estatísticas gerais sobre a criação de negócios (a maioria dos empreendedores ainda não se encaixa na categoria "Normal"). Então, o empreendedor normal seria o mais completo do ponto de vista da definição de empreendedor e o que a teoria estipula como referência a ser seguida, mas que na prática ainda não representa uma quantidade considerável de pessoas. Porém, ao se analisar apenas empreendedores bem-sucedidos, o planejamento aparece sim como uma atividade bem comum nesse universo específico, apesar de muitos dos bem-sucedidos também não se encaixarem nessa categoria.

O Quadro 2.2 apresenta uma comparação entre os vários tipos de empreendedores, considerando vários atributos comumente relacionados ao empreendedorismo.

Quadro 2.2 **Comparação entre os tipos de empreendedores**

Tipo de Empreendedor	Ganhar $	Nível de autonomia	Nível de risco	Dedicação ao trabalho	Trabalho em equipe	Recursos para a iniciativa	Objetivo
Informal	Precisa para sobreviver e almeja ganhar	Alto, mas sem garantia de resultado	Baixo, já está em situação limítrofe	Parcial, trabalha o suficiente para garantir o sustento do dia	Geralmente envolve a família, mas também pode ser solitário	Não possui, usa apenas o conhecimento tácito	Não possui, crê que em algum momento sua "sorte" pode mudar
Cooperado	Precisa para seu sustento e almeja ganhar	Médio, suas atividades devem estar em consonância com as dos demais cooperados	Baixo, a cooperativa ajuda a manter uma renda média devido ao esforço coletivo	Parcial, trabalha o necessário para cumprir as metas de produção	É fator-chave do sucesso, pois sozinho não se atinge resultados nesse caso	Pouco, geralmente a própria dedicação ao trabalho e pouco capital financeiro	Crescer e um dia se tornar independente ou continuar na cooperativa em um ambiente protegido
Individual	Precisa para seu sustento e almeja ganhar	Alto, pois decide sozinho os rumos do negócio	Baixo, tem pouco a perder	Parcial, trabalha o necessário; ou alto, caso sonhe em mudar de patamar	Parcial, tem geralmente um funcionário, mas não é solitário	Pouco, resume-se às suas reservas financeiras ou às da família	Crescer e mudar de patamar de empresa ou ficar como está
Franquia	Vislumbra uma renda média mensal de acordo com o estimado pelo franqueador	Médio, pois precisa sempre seguir as regras do franqueador	Baixo, se a franquia for conceituada; médio ou alto se a franquia ainda não tiver resultados expressivos	Alto, apesar de ser franqueado, precisa gerir uma empresa completa (a exceção são as microfranquias)	Importante para conseguir cumprir metas; no caso da microfranquia, é menos crítico	Na maioria dos casos, recursos próprios; há casos de financiamento em bancos ou junto ao franqueador	Conseguir o retorno do investimento inicial; há os que querem ainda criar outra franquia da mesma marca ou diversificar o setor

Quadro 2.2 **Comparação entre os tipos de empreendedores** (Continuação)

Tipo de Empreendedor	Ganhar $	Nível de autonomia	Nível de risco	Dedicação ao trabalho	Trabalho em equipe	Recursos para a iniciativa	Objetivo
Social	Não é seu objetivo; visa apenas ter um salário ou tem outra fonte de renda	Médio, pois dificilmente realiza as ações almejadas sem o envolvimento de outras pessoas/ entidades	Baixo, mas pode ser frustrante não conseguir colocar em prática o que almeja	Parcial, caso tenha outras fontes de renda; integral, caso o foco seja o social	Primordial para o sucesso da iniciativa	Próprios, de amigos, família, doações de empresas e governo etc.	Mudar o mundo e inspirar outras pessoas a fazê-lo
Corporativo	Faz parte de suas metas, mas o principal é crescer na carreira	Parcial, pois depende da empresa e sua posição hierárquica; nunca será total, pois sempre haverá alguém a quem prestar contas	Alto, se a cultura corporativa não incentivar o empreendedorismo; médio, mesmo em empresas empreendedoras	Acima do normal se comparada à de funcionários que não abraçam o empreendedorismo	Fundamental para colocar suas ideias em prática e cumprir metas	Da própria empresa ou externos à empresa	Crescer na empresa, obter promoção, ganhar bônus e ser reconhecido
Público	Não é o que o motiva, pois já sabe qual será o seu salário no final do mês	Baixo, pois há muita burocracia a ser vencida	Baixo, pois dificilmente projetos ousados são aprovados e implementados sem interferências ou modificações	Acima do normal, se comparado a outros funcionários públicos não empreendedores	Essencial e condição básica para conseguir fazer acontecer	Públicos, mas de difícil obtenção	Ajudar as pessoas, realizar-se profissionalmente e provar a si e aos outros que seu papel na sociedade é nobre

Quadro 2.2 **Comparação entre os tipos de empreendedores** (Continuação)

Tipo de Empreendedor	Ganhar $	Nível de autonomia	Nível de risco	Dedicação ao trabalho	Trabalho em equipe	Recursos para a iniciativa	Objetivo
Do conhecimento	Almeja ter recursos acima da média de seus pares para arcar com seus desejos de consumo	Depende da atividade, mas em geral é alto, pois sua habilidade (e ativo principal) é o próprio conhecimento	Baixo, mas precisa zelar pela reputação para não prejudicar a própria imagem	Acima do normal e muitas vezes confunde o pessoal com o profissional, pois "sua pessoa/imagem" é o produto que está à venda	Não é o seu forte, pois há um componente egocêntrico que predomina; se necessário, faz esforço e sabe que precisa compartilhar trabalho, ideias, projetos para multiplicar resultados	Geralmente, recursos próprios, mas não necessariamente financeiros	Realização profissional e reconhecimento
Negócio próprio	É um dos seus objetivos principais, apesar de nem sempre falar sobre o assunto	Alto, mas, conforme a empresa cresce, precisa delegar e evitar o excesso de controle	Alto, pois se envolve de corpo e alma com a iniciativa, comprometendo geralmente mais do que imaginava inicialmente para fazer o negócio acontecer	Total, muitas vezes confundindo e não sabendo separar adequadamente momentos de trabalho, lazer e a vida pessoal e familiar	Rapidamente percebe que, se não tiver uma equipe competente de pessoas que complementem o seu perfil, sua empresa não crescerá	Na maioria dos casos, recursos próprios e/ou da família; há ainda os que conseguem financiamento em bancos ou investimento de risco, mas são a minoria	Realização pessoal, autonomia financeira, deixar legado e contribuir para o crescimento e desenvolvimento econômico do país

No próximo capítulo, serão apresentados os resultados do estudo com os empreendedores de sucesso. Muitos dos tipos e subtipos de empreendedores aqui apresentados foram contemplados no estudo realizado com 399 empreendedores brasileiros.

3

Mitos e verdades do empreendedor de sucesso*

* Este capítulo foi escrito com a contribuição de Caio Ferraz Jr.

Neste capítulo, os resultados principais do estudo são apresentados e, com isso, há o esclarecimento de alguns mitos e muitas verdades sobre o empreendedor de sucesso brasileiro. O estudo de campo, através de entrevistas individuais com cada empreendedor, resultando em relatórios específicos de 5 a 15 páginas cada, foi realizado ao longo de quatro anos com 399 empreendedores.

Como já salientado, o objetivo central do trabalho foi levantar os principais aspectos relacionados ao comportamento empreendedor e classificá-los de modo a permitir constatações sobre a existência ou não de características e comportamentos comuns nos casos de sucesso.

As várias questões abordadas com os empreendedores permitiram o agrupamento de dados e informações em 18 diferentes categorias ou comportamentos considerados relevantes para a análise.

Uma das premissas do estudo para a realização de entrevistas em profundidade foi o sigilo da identidade dos entrevistados, já que, em muitos casos, informações confidenciais foram apresentadas. Assim, nenhuma informação específica de um empreendedor em particular é apresentada. Isso, no entanto, não prejudicou a análise dos resultados e as conclusões aqui apresentadas.

Caracterização da amostra

A amostra conta com os vários tipos de empreendedores definidos no capítulo anterior. A maioria dos empreendedores está envolvida no próprio negócio (92%), mas há ainda empreendedores corporativos e aqueles envolvidos com negócios sem fins lucrativos e organizações não governamentais (ONGs). Além disso, a amostra conta com personalidades nacionalmente reconhecidas, bem como profissionais não tão conhecidos. Porém, todos são considerados bem-sucedidos. O critério principal para esta classificação, no caso de empreendedores envolvidos no próprio negócio, foi um misto de objetividade e subjetividade.

A regra objetiva para a escolha desses empreendedores foi simples, mas eficaz: o empreendedor deveria ser sócio ou o responsável principal pela gestão do mesmo negócio há pelo menos cinco anos. Este período foi escolhido com base em outros estudos internacionais sobre a maturidade de empresas. Como muitos estudos internacionais[1] e nacionais[2] mostram que a taxa de mortalidade de empresas é alta nos primeiros cinco anos de sua existência, considerou-se este período como uma data de corte para empresas bem-sucedidas e, por consequência, gerenciadas por empreendedores bem-sucedidos. Ou seja, se o negócio possuía mais de cinco anos de existência, provavelmente tratava-se de um empreendimento de sucesso.

O outro critério, mais subjetivo, permitiu ao entrevistador definir se o empreendedor à frente do negócio apresentava, aparentemente, características de um líder empreendedor ou apenas estava administrando sua empresa sem se preocupar em fazê-la crescer, mais preocupado com a sobrevivência que com a expansão. Este critério também foi aplicado no caso dos empreendedores corporativos. Assim, alguns empreendedores previamente selecionados foram desconsiderados para participar do estudo quando se verificou que um ou outro critério não estava em conformidade. Não houve restrições com relação à localização ou porte da empresa, desde que fossem identificados traços de comportamento empreendedor e os critérios citados fossem atendidos.

A maioria dos empreendedores entrevistados possui negócios de micro e pequeno porte, atuando predominantemente em atividades de serviços e comércio. A amostra é formada também, em maior grau, por empreendedores com níveis avançados de educação formal, o que mostra a relevância da formação educacional para o sucesso.

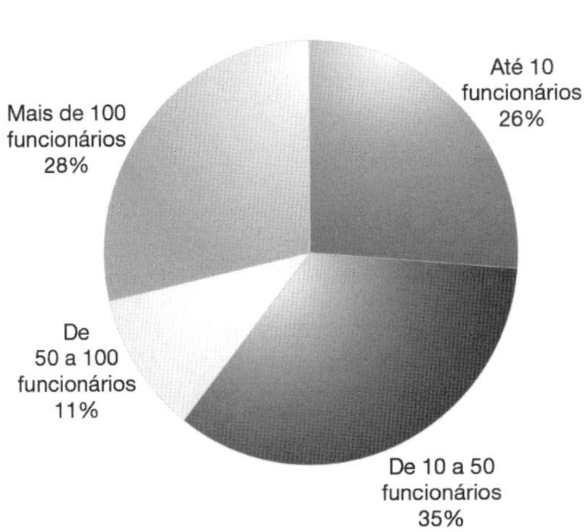

Figura 3.1 - Quantidade de funcionários das empresas dos empreendedores.

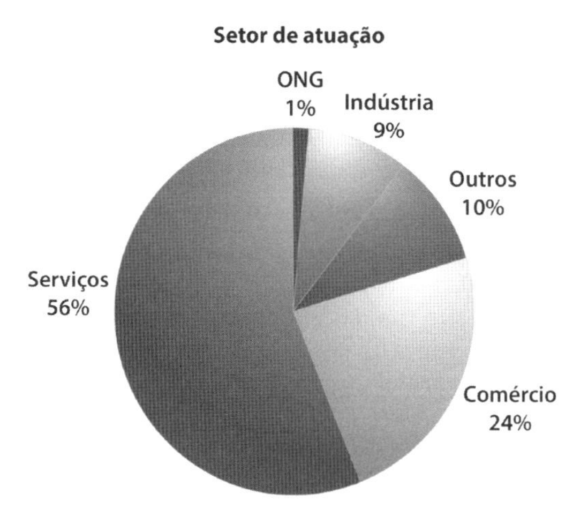

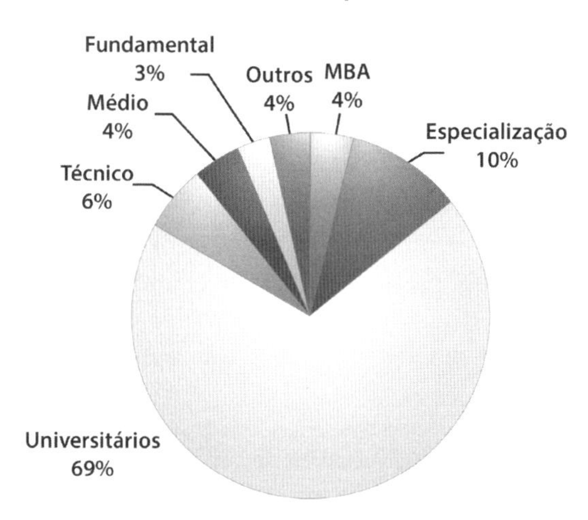

Figura 3.2 - Setor de atuação e escolaridade dos empreendedores.

Análise dos dados

Os resultados das análises são apresentados a seguir organizados por 18 critérios (categorias ou comportamentos). Em seguida, apresenta-se um cruzamento entre alguns critérios levantados, com vistas a entender suas relações. As tabelas apresentam as variáveis analisadas e os valores absolutos e relativos atribuídos pelos entrevistados a cada uma dessas variáveis.

Cabe ressaltar que os aspectos analisados em cada grupo não são necessariamente excludentes, de modo que em todas as tabelas a seguir mais de um critério pode estar assinalado pelo mesmo empreendedor, já que suas características e comportamentos são influenciados por vários aspectos, até dentro de um mesmo campo de análise.

1. Conhecimento

A experiência anterior no ramo ou em atividade correlata é um fator fortemente presente entre as características dos empreendedores de sucesso. Considerando ambas as situações, em mais de 60% dos casos de sucesso a experiência anterior foi relevante. Esta constatação é condizente com muitos outros estudos internacionais e ratifica o fato de empreendedores que conhecem o ramo onde atuam terem mais chances de sucesso.

Tabela 3.1 - Conhecimento (Admite mais de uma opção)

Critério	Absoluto	Relativo
Experiência em outros setores	82	39,81%
Formação foi relevante	63	30,58%
Participa de cursos, seminários etc.	62	30,10%
Experiência no setor	53	25,73%
Outros	45	21,84%
Conhece o mercado	43	20,87%
Sedento pelo saber / Gosta de aprender	39	18,93%
Total de Entrevistas	**399**	**100,00%**
Entrevistas Válidas	**206**	**51,63%**

Nesse âmbito, além da preparação técnica e profissional, em muitos casos a experiência auxilia o empreendedor a conhecer o mercado, suas falhas e demandas, levando-o a perceber e aproveitar oportunidades.

Alguns comentários extraídos das entrevistas ressaltam essa constatação:

"Aprenda tudo o que puder sobre o negócio e jamais se lance em uma empreitada sem nenhuma experiência profissional no ramo pretendido"
(Empresário do ramo de alimentos saudáveis).

"Eu acreditava e acredito ter competência suficiente para gerir um negócio e fazê-lo suficientemente lucrativo. E isto eu pude aprender durante meu período com o trabalho corporativo, em que éramos orientados por resultados, mesmo atuando na área de recursos humanos"
(Empresário da Indústria e Comércio de Alimentos).

"O empreendedor, antes de abrir o negócio, deve conhecer na prática (e profundamente) seu funcionamento e, acima de tudo, entender e aceitar a grande responsabilidade, perante a família e a sociedade, que se deve assumir quando tomada a decisão de se criar um negócio"

(Proprietário de Supermercado).

"Se não fosse pela experiência de ter trabalhado no segmento, não teria meios de desenvolver as ideias e a criatividade, não teria talvez visualizado a oportunidade de um negócio próprio"

(Empreendedor do ramo de Entretenimento).

Cai o mito da ideia desenvolvida na garagem

É muito comum ouvirmos histórias de negócios criados na garagem e que se tornaram grandes sucessos, transformando seus sócios em milionários. Mas será que não há muito romantismo nestas histórias? O que é mito e o que é realidade? Os pesquisadores americanos e irmãos Dan Heath e Chip Heath argumentam que dificilmente negócios criados nas garagens chegariam ao sucesso e contrariam vários outros estudiosos do assunto, jogando um balde de água fria sobre a tese de que bastam uma boa ideia e um empreendedor genial para o sucesso aparecer.

Na verdade, há sim a possibilidade de se criar um negócio na garagem e ter sucesso, mas não basta apenas isso. Histórias conhecidas e já populares, como o caso dos fundadores do YouTube, Steve Chen e Chad Hurley, comprovam a tese dos irmãos Heath. Em síntese, eles argumentam que você precisa ter uma experiência prévia na área para aumentar suas chances de sucesso, o que pode ocorrer se tiver trabalhado antes em alguma empresa que atua no setor em que está criando o seu negócio. De fato, Hurley foi um dos primeiros funcionários do *site* PayPal, e seu sogro, James Clark, fundou a Netscape e a Silicon Graphics. Ou seja, muito *networking* e conhecimento da área! Outro exemplo clássico é o caso de Steve Jobs, o criativo e lendário líder da Apple. Jobs foi funcionário da Atari (empregado número 40 da empresa) e da HP (Hewlett-Packard) antes de criar a Apple.

Pesquisas com empresas criadas nos EUA e que receberam aporte de capital de risco comprovam que em mais de 91% dos casos os fundadores dessas empresas tiveram alguma experiência prévia na mesma indústria (mesmo setor de negócio) antes de se aventurarem no negócio próprio, o qual surgiu justamente quando ideias aparentemente absurdas ou fora de foco para o empregador anterior passaram a ser o foco principal e o motivo de pedirem as contas e criarem o próprio caminho empreendedor.

O recado deixado pelos irmãos Heath é bastante claro para os que se encontram trabalhando em grandes empresas. Aproveitem este momento para observar o mercado e identificar oportunidades no setor que você já conhece. Adquira experiência e, a partir daí, demita-se para criar seu negócio. Eles insistem em dizer que criar o negócio do nada, na garagem, e ter sucesso não passa de um grande mito. Para os irmãos Heath, as empresas surgem de outras empresas, do mundo corporativo...

Claro que há um pouco de exagero nisso e esta não pode ser considerada uma regra definitiva, mas não deixa de ser um caminho possível para quem pensa no próprio negócio e ainda se encontra no mundo corporativo.

O mito de que uma ideia maravilhosa e uma cabeça genial são os ingredientes essenciais para o sucesso parece ser questionado com esta constatação da pesquisa, de que experiência prévia no ramo é essencial e que essa experiência pode ser obtida no mundo corporativo.

Outro aspecto importante apontado pelo estudo trata da relação do empreendedor com o conhecimento formal, já que em mais de 30% das entrevistas válidas a formação foi assinalada como importante para o sucesso:

"... a educação formal é sempre fundamental para qualquer negócio, em especial a base de conhecimento que deve ser aliada ao relacionamento"
(Empreendedor do ramo de Serviços em Tecnologia da Informação).

"Jamais teria iniciado este negócio se não tivesse a formação de engenheiro químico, pois esta formação me garantia o diferencial para atender bem meu cliente"
(Empreendedor do setor de Indústria Química).

"Formei-me em Psicologia. Isto é muito relevante quanto aos problemas de relacionamento entre as pessoas. A maioria dos problemas no trabalho são mais psicológicos do que técnicos"
(Empreendedor do setor de Serviços de Informática).

"O conselho que dou a meus filhos é que, antes de correr riscos e desafiar o novo, são necessários conhecimentos administrativos. Aprendi a administrar na prática da maneira mais difícil, através dos erros e acertos. Existe uma forma mais fácil, através das universidades. Depois basta conciliar a teoria com a prática do dia a dia e trabalhar, trabalhar, trabalhar..."
(Empreendedor do ramo de Transporte).

Nem sempre, porém, é possível que se obtenha experiência prática no ramo em que se pretende atuar. Nesses casos, os empreendedores buscam conhecimento por meio de cursos e eventos, além de realizarem estudos sobre o mercado em que vislumbram atuar. Os empreendedores de sucesso estão atentos ao aprendizado contínuo, buscando reciclar seus conceitos e aprimorar o negócio constantemente:

> *"Somente após aprender como me comportar e como lidar com os outros e como o mercado à minha volta funciona é que resolvi abrir um negócio próprio"*
> (Empreendedor do ramo de Entretenimento).

> *"Foram dois anos visitando de terça a sábado a noite de São Paulo, conhecendo futuros concorrentes, funcionários e* promoters*. Observava cuidadosamente os problemas existentes nas casas que frequentava e conversava muito com os donos destes estabelecimentos para saber como resolviam esses problemas"*
> (Empreendedor do ramo de Entretenimento).

> *"Todos os meus cursos foram relevantes para o negócio, ainda que os tenha realizado há muitos anos, pois os ensinamentos que adquiri são aplicados hoje em dia"*
> (Empresário de consultoria e distribuidor de *software*).

> *"... graças ao conhecimento extra que você adquire, amanhã você estará fazendo as coisas de forma diferente da que você faz hoje"*
> (Empresário do comércio de Máquinas e Equipamentos).

> *"Leio de 3 a 4 livros ao mesmo tempo e faço pelo menos um curso por mês"*
> (Empresário da área de Consultoria Empresarial).

2. Relacionamento

A rede de contatos bem estabelecida é também um aspecto comumente presente nos empreendedores de sucesso. Em mais de 82% dos casos, os empreendedores consideram-se bem relacionados, e, destes, cerca de 62% admitem que o *networking* foi importante para o negócio.

Tabela 3.2 - *Networking* (Admite mais de uma opção)

Critério	Absoluto	Relativo
É bem relacionado	143	82,18%
É (foi) importante / Ajudou no negócio	108	62,07%
Participa de associações etc.	15	8,62%
Outros	9	5,17%
Não usa/não acredita em *networking*	0	0,00%
Total de Entrevistas	**399**	**100,00%**
Entrevistas Válidas	**174**	**43,61%**

"Minha rede de relacionamentos sempre foi de vital importância na minha vida, desde os tempos de infância, quando eu nem mesmo sabia o que isso significava"

(Empresário do ramo de Publicidade).

"Uma pessoa pode ser fantástica em uma determinada habilidade, mas, se não for capaz de estabelecer um bom relacionamento, nunca será um empreendedor"

(Empreendedor do ramo de *Softwares* de Gestão).

"Nas organizações modernas, onde a tecnologia e recursos em geral estão caminhando para a padronização, relacionamento faz a diferença"

(Empresário de Assessoria Empresarial em Telemarketing).

Em alguns casos, alguns negócios surgiram a partir de relacionamentos estabelecidos e, em outros, o fato de se possuir contato com pessoas-chave conduziu a situações mais favoráveis ao negócio do empreendedor:

"Trabalhava como diretor em uma locadora de máquinas, com isso adquiri conhecimento, know-how *e os contatos para começar o empreendimento"*

(Empreendedor de Locadora de Máquinas para Construção).

"Fiquei surpreso. Fui visitar um amigo e voltei com uma proposta que poderia mudar minha vida: eu, desempregado, e ali estava, além da oportunidade de trabalhar, a de viabilizar meu sonho de futuramente ter meu negócio próprio. Voltei para casa, estudei a proposta e, rapidamente, respondi que sim"

(Empresário de Revistaria).

"Quando percebi que a burocratização nestes órgãos era muito grande e que existia demanda por esses serviços, resolvi usar a minha rede de contatos para montar o meu empreendimento. Tinha certeza de que o relacionamento seria essencial para que eu tivesse sucesso e não errei"

(Empresário de Assessoria Jurídica).

"Em uma conversa com amigos, surgiu a proposta de associação, com aporte de capital que proporcionaria o investimento em um Software *de Gestão de Apólices, fator este que otimizaria os trabalhos e minimizaria erros, perdas de prazo, entre outros"*

(Empresário de Corretora de Seguros).

3. Oportunidade

A percepção e aproveitamento de oportunidades são características marcantes do empreendedor de sucesso. Apenas cerca de 1% crê que a "sorte" de estarem no lugar e momento certos foi propulsora do empreendimento. Na maior parte dos casos, os empreendedores não só identificaram e aproveitaram oportunidades, como se mostram sempre atentos a elas.

Tabela 3.3 - Oportunidade (Admite mais de uma opção)

Critério	Absoluto	Relativo
Aproveitou a oportunidade	244	77,71%
Está sempre atento a oportunidades	132	42,04%
Avaliou a oportunidade	128	40,76%
Outros	93	29,62%
Amigo/Familiar ofereceu oportunidade	27	8,60%
Necessidade gerou oportunidade	23	7,32%
Estava no lugar e momento certos	5	1,59%
Total de Entrevistas	**399**	**100,00%**
Entrevistas Válidas	314	78,70%

"Cada pessoa se depara com uma possibilidade na vida e, não tendo outra, dedica todos os esforços naquele único trajeto disponível, principalmente se o caso é a sobrevivência. Meus familiares caminharam dessa mesma forma. As oportunidades estão por aí, soltas no tempo e no espaço. Perceber estas oportunidades, associando-as a um sonho e ao desejo de transformá-las em realidade é que faz do empresário um empreendedor"
(Empresário de Indústria de Máquinas Inteligentes).

"A oportunidade bateu à minha porta e eu não a deixei passar. Sabia das necessidades dos sitiantes e fazendeiros, sabia se tinham ou não dinheiro e, como estava na cidade, conhecia onde e como satisfazer as suas necessidades"
(Empreendedor de Concessionária de Veículos).

Apesar da vocação em encontrar e tirar proveito das oportunidades, sua avaliação nem sempre é possível, e, nesses casos, para não deixá-las passar, o empreendedor assume riscos e encara o mercado:

"O ideal é você planejar e estudar antes a respeito do negócio no qual vai entrar; o que ocorreu comigo e ocorre em vários casos é que a oportunidade apareceu antes de um estudo, de um planejamento, e aí a decisão é arriscar

ou não; não há muito tempo para se decidir; essas oportunidades escapam rapidamente. Eu contava com meu antigo conhecimento, afinal, já havia trabalhado no ramo. Confiei na minha intuição, de que daria certo..."

(Empreendedor de Revistaria).

Apesar de não aparecer com tanta ênfase na amostra pesquisada, os familiares e amigos contribuem diretamente para a configuração e uso da oportunidade. Tanto a sucessão natural quanto o bom relacionamento geram e/ou potencializam oportunidades. Foi possível perceber ainda que situações de necessidade também motivaram empreendedores a buscar identificar oportunidades reais no mercado:

"A oportunidade surgiu a partir da ideia de um amigo, até então 'não empreendedor', mas muito criativo e interessado por tecnologia"

(Empreendedor de Lan House).

"Após alguns meses de busca por oportunidades, consegui fechar meu primeiro contrato com uma rede de restaurantes que chegava ao Brasil para um front light *na parede de um prédio por um período de dois anos"*

(Empreendedor do setor de Comunicação).

"A oportunidade surgiu de um amigo, que me fez a seguinte proposta: 'tenho um cliente que confia em minhas atitudes e proponho que você seja o responsável em desenvolver para ele um projeto que venha a surpreender os pontos de que necessita. O seu aceite e sucesso no desenvolvimento desse projeto poderá transformar este nosso encontro em um grande negócio no futuro'"

(Empreendedor do setor de Agenciamento Marítimo).

"Como não apareceu nenhum emprego, o jeito foi montar um negócio. Conversando com um colega da academia, surgiu uma oportunidade: a de montar uma loja de roupas, moletom, com a marca Jai-Alai, nome de um jogo de pelota basca, jogado nos Estados Unidos"

(Empreendedor do setor de Comércio de Confecções).

"A hora faz o empreendedor; a minha oportunidade foi a necessidade"

(Empreendedor do setor de Máquinas e Equipamentos).

Cai o mito da sorte

Talvez este seja um dos mitos mais conhecidos e pouco explicados sobre os empreendedores. É comum ouvirmos que "sorte" é essencial... Mas nossa pesquisa mostra que a maioria dos empreendedores não considera a sorte como um diferencial ou ainda algo que os fez bem-sucedidos. A sorte está ligada à probabilidade, como o que ocorre em jogos de azar, a algo que não depende da pessoa para acontecer. É claro que contar com sorte não é ruim e pode até ser importante, mas o empreendedor não pode depender da sorte para fazer acontecer.

Para ganhar na loteria é preciso jogar na loteria e contar com a probabilidade. Tem gente que reclama que não ganha nunca, mas também nunca joga e, dessa forma, a probabilidade não só é pequena (como ocorre para os que jogam), mas nula.

Para conseguir um bom emprego não basta apenas pensamento positivo; há que se preparar, ter um bom currículo, vencer a concorrência... E a sorte? A falta de sorte é sempre o principal argumento dos que não conseguiram a vaga para explicar por que não chegaram lá.

Para convencer investidores a colocarem recursos no seu negócio, não há que contar com a sorte; há que ter um bom projeto, uma boa equipe, conhecer as pessoas certas... Ou seja, você tem que correr atrás dos seus objetivos!

Sorte é argumento dos que ficam esperando por algo, dos que não têm iniciativa, dos que precisam de uma explicação para falar do sucesso alheio. Empreendedores não só não pensam nisso, como não perdem tempo esperando pela sorte. Eles fazem a sorte acontecer. Para os empreendedores, a sorte é o encontro da oportunidade com a capacidade de realização.

4. Planejamento

Para essa questão, 255 empreendedores – ou seja, 63,91% da amostra total – responderam diretamente sobre a forma como planejam seus negócios. Os outros 22 empreendedores (5,51%) que também responderam a esta questão não foram esclarecedores com relação à adoção ou não de planejamento, mas, ainda assim, foram considerados na amostra válida, totalizada em 277 empreendedores.

Analisando os dados de maneira preliminar, constata-se que grande parte dos empreendedores de sucesso entrevistados *não realizou planejamento inicial*, seguiu a intuição e ainda assim obteve bons resultados.

Tabela 3.4 - Planejamento (Admite mais de uma opção)		
Critério	**Absoluto**	**Relativo**
Seguiu intuição / Não Planejou	116	41,88%
Utilizou planejamento formal	98	35,38%
Utilizou planejamento informal / "na cabeça"	67	24,19%
Planeja, planeja, planeja	46	16,61%
Planejamento ajudou / foi importante	39	14,08%
Outros	35	12,64%
Teria planejado melhor	30	10,83%
Total de Entrevistas	**399**	**100,00%**
Entrevistas Válidas	**277**	**69,42%**

De fato, é o que ocorre, mas cabe lembrar que os critérios aqui avaliados admitem mais de uma resposta por entrevista. Deste modo, através da análise detalhada dos dados, foi possível notar que, dentre os 116 empreendedores que seguiram a intuição, 22,4% passaram a utilizar algum tipo de planejamento, formal ou informal, no decorrer da carreira empreendedora. Considerando, portanto, os empreendedores que informaram o método de planejamento utilizado, os puramente intuitivos representam 35,29% dos casos.

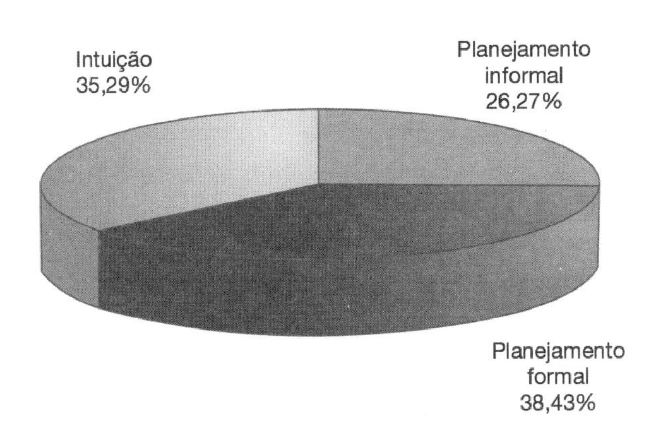

Figura 3.3 - Métodos de planejamento utilizados pelos empreendedores.

"O nosso primeiro planejamento formal do negócio se deu com a contratação de consultores especializados, há três anos. Até então, o que contou foi a nossa crença nas pessoas, no relacionamento, nas exigências de mercado.

Apanhamos muito e temos aprendido. Se não fossem as pessoas que trabalham com a gente, seguramente não estaríamos onde estamos"

(Empreendedor do setor de Laticínios).

"Primeiro vem a oportunidade e a realização, depois o planejamento"

(Empreendedor do setor Alimentício).

"Pura intuição. Quando deu o start, *resolvi abrir e sempre achei que daria certo. Já tinha grande experiência no ramo e uma carteira de clientes. Além disso, amo o que faço"*

(Empreendedor do ramo de Turismo).

"Já não dávamos conta de cuidar de tudo. A empresa estava crescendo e precisava de uma gestão profissional. Quando começamos, tudo era muito pequeno, uma ou duas famílias de animais, manejo fácil, a loja começou no porta-malas do meu carro, onde eu levava material para vender aos criadores que me chamavam para dar uma olhada no plantel. Tudo era feito na base do 'feeling'. Com o passar do tempo, as coisas foram se complicando, mas meu irmão e meu avô conseguiam levar a parte administrativa da firma. Chegou uma hora que não deu mais... A abertura do curtume já foi mais estruturada, pois contou com a orientação dos professores da Escola. Tinha até plano de negócios!"

(Empreendedor do ramo de Criação de Animais e Curtume).

"Eu não havia planejado nada para esse negócio, muito menos tinha um plano de negócios; na verdade, havia a necessidade de voltar a trabalhar, o desejo de ter meu negócio próprio, acrescidos das condições financeiras que eu tinha (recursos próprios poupados ao longo de anos) mais recursos emprestados de parentes e amigos. Resumindo: era pegar ou largar. Fui atrás das condições propostas e confiei na minha intuição"

(Empreendedor da área Editorial).

A utilização de uma estrutura formal de planejamento foi apontada por aproximadamente 38% dos que indicaram a forma de planejamento adotada. Somando-se ainda àqueles que planejaram de maneira informal, conclui-se que praticamente 65% da amostra válida buscaram planejar o negócio de alguma maneira. Este dado confirma, portanto, a importância do planejamento, mesmo que informal, para o sucesso dos negócios.

"Sempre procuro saber bem onde pôr os pés, não faço suposições e otimizo ao máximo meus recursos. (...) Sou bom observador e estudo bem o negócio

antes de investir. Procuro sempre fazer três perguntas: 1) quem é meu cliente? 2) por que meu cliente irá comprar meu produto? 3) como devo executar o projeto?"

(Empreendedor do ramo de Turismo).

"Nunca houve um plano de negócios para formatar a empresa, porque nenhum dos sócios sabia fazer isso. Mas houve o estudo do mercado, a real noção de quantos clientes poderia ter, quantas máquinas haviam instaladas, quantas horas de manutenção conseguiríamos fazer por mês"

(Empreendedor do ramo de Manutenção de Equipamentos).

"Tinha um planejamento na minha cabeça, mas nada escrito..."

(Empreendedor do setor de Varejo).

"Na verdade, na avaliação para aquisição do negócio, considerei a localização e vi que outras pessoas prosperavam nos negócios ao lado do restaurante. Eu sabia que muitas pessoas trabalhavam nos escritórios e que isso garantiria uma clientela cativa no horário de almoço. Não tinha nenhum planejamento prévio e assim assumi um risco que considerava calculado"

(Empreendedor do setor Alimentício).

"Hoje, para todo o desenvolvimento de um novo negócio necessariamente deve haver uma elaboração de um plano de negócios com o objetivo de tentar minimizar os erros e maximizar os acertos. Existe também um planejamento quinquenal o qual é revisto todo ano"

(Empreendedor do ramo de Informática e Tecnologia da Informação).

Apesar de apenas uma pequena parcela dos empreendedores enfatizar na pesquisa que planeja constantemente e que o planejamento foi fundamental para o sucesso do negócio, suas declarações ressaltam a relevância do planejamento:

"Sempre tenho um planejamento, com uma visão de curto e outra de longo prazo (...) sempre abrangendo objetivos profissionais, pessoais, familiares e comunitários"

(Empreendedor do setor de *Software*).

"Tudo foi acontecendo, sem planejamento. Hoje planejo mais e transpiro menos"

(Empreendedor do setor de Saúde).

"Fizemos vários planejamentos/planos de negócios e, inclusive, fazemos até hoje. Alguns deles deram certo; outros, não. Acredito que tenhamos acertado mais do que errado em nossos planejamentos"

(Empreendedor do setor Educacional).

"Desta vez investi muito mais tempo na tarefa de planejar, que foi composta de cinco fases: 1ª) explorar o mercado, checar a viabilidade da ideia e transformá-la em algo vendável; 2ª) elaborar um plano de negócios consistente, para conseguir a aprovação do investidor; 3ª) negociar com os demais investidores, formatar a nova pessoa jurídica e os contratos de parceria; 4ª) abrir a nova empresa, assinar os contratos com os parceiros e iniciar a implementação do projeto; e 5ª) startup *do negócio e gestão"*

(Empreendedor de Centro de Convivência Universitário).

Cai o mito de a intuição ser mais importante que o planejamento

O planejamento é tido como a principal ferramenta do empreendedor. Mas nossa pesquisa mostrou que muitos dos empreendedores de sucesso de hoje nem sabiam o que é e como fazer um plano de negócios. Parece contraditório em relação ao que prega a teoria empreendedora. Então, como explicar o sucesso daqueles que não planejaram?

Na verdade, muitos empreendedores de sucesso fizeram o planejamento informal, não detalhado e não necessariamente em formato de um plano de negócios. Isso por dois motivos: 1) não sabiam como planejar ou desenvolver um plano de negócios e 2) não queriam perder tempo planejando, pois estavam ansiosos em fazer acontecer. Mas, ao conversar com os empreendedores experientes e que já passaram por essa situação, a maioria é unânime em afirmar que deveriam ter planejado melhor para evitar erros que cometeram no passado. Porém, isso ainda não explica por que conseguiram chegar ao sucesso sem um planejamento inicial, seguindo apenas a intuição.

O mito aqui é de que se acredita que não há nenhum tipo de planejamento. Há, de fato, um controle financeiro mínimo e um planejamento de custos e despesas que, por si só, já contribui para o desenvolvimento do negócio. O que ocorre em muitos negócios sem planejamento algum é que vão à falência devido à falta de planejamento financeiro por parte do empreendedor e não necessariamente porque não tinham uma estratégia bem-definida.

Em relação à falta de planejamento formal, há pesquisas recentes realizadas internacionalmente que mostram que o planejamento inicial do negócio dificilmente reflete o que a empresa realmente será nos próximos meses ou anos. Esses empreendedores que não fizeram um planejamento detalhado aparentemente se encaixam nesta categoria e passaram a aperfeiçoar seu planejamento com o tempo, de acordo com a necessidade. Na verdade, mais importante que um plano de negócios completo no início é ter a consciência de que este plano de negócios deverá ser atualizado com muita frequência e que não deve ser considerado uma receita pronta e acabada. O empreendedor experiente e conhecedor das dificuldades de se gerenciar um negócio próprio acaba por equilibrar a necessidade do planejamento formal com a de fazer sua empresa crescer rapidamente e encontra um equilíbrio entre o ótimo e o bom ou necessário.

Por outro lado, empreendedores que se baseiam apenas na intuição, sem um planejamento mínimo, correm grandes riscos e geralmente não são bem-sucedidos. Ao analisar nossa amostra de empreendedores bem-sucedidos, há que se considerar também o fato de que só entrevistamos os vitoriosos. A maioria que não planeja ou mesmo segue apenas a intuição nem sequer vê seus negócios chegando aos cinco anos de existência. Essa é a grande questão a analisar. Não se pode enxergar como regra ou receita de sucesso o fato de a maioria (41%) bem-sucedida não ter planejado, mesmo porque as condições atuais para se empreender são bem diferentes das do passado. Hoje em dia, não se pode dar chance para o erro, não há espaço para crescer a passos lentos ou organicamente na maioria dos mercados; há que se implementar ações vencedoras desde o início e focar esforços de maneira a vencer a concorrência rapidamente. Caso contrário, as iniciativas dos que não seguem as regras do jogo só farão parte das estatísticas de mortalidade de negócios nos anos iniciais de desenvolvimento.

Intuição sempre será importante, mas somada a uma análise criteriosa da empresa e de seu planejamento. Assim, as chances de sucesso do empreendedor aumentarão. Os empreendedores modernos e que pretendem chegar ao sucesso devem usar sim a intuição, mas cercando-se de dados objetivos para tomar decisões. O planejamento continuará a ser uma ferramenta de gestão importante para o empreendedor que anseia resultados acima da média.

5. Risco

Assumir riscos calculados é característica presente na maior parte dos empreendedores de sucesso, que gostam de arriscar, mas buscam saber até quanto podem perder na empreitada caso algo não ocorra conforme o planejado. Em alguns casos, os empreendedores encaram o risco como algo positivo, como uma possibilidade que não encontrariam em outras situações. Eles sabem que ao arriscar também podem conseguir resultados mais interessantes. O dilema que precisam gerenciar é o balanceamento entre risco e recompensa... Risco calculado é o risco conhecido, que não necessariamente é pequeno. O empreendedor que calcula o risco sabe antecipadamente quais ações deverá tomar caso o pior aconteça; ou seja, estabelece cenários alternativos.

Tabela 3.5 - Risco (Admite mais de uma opção)

Critério	**Absoluto**	**Relativo**
Assume risco calculado	113	55,94%
Disposição para assumir risco / Gosta de arriscar	95	47,03%
Busca minimizar riscos	44	21,78%
Outros	24	11,88%
Não calcula os riscos	16	7,92%
Não arrisca / Avesso ao risco	14	6,93%
Não Consta	197	49,37%
Total de Entrevistas	399	100,00%
Entrevistas Válidas	202	50,63%

"O que mais me tranquiliza é que não só analisamos a viabilidade de abertura do negócio, mas mais minuciosa ainda foi a identificação dos riscos do encerramento da empresa, com baixíssimas perdas"
(Empresário de Indústria de Plásticos).

"Empreender é ir além da ideia, é centrar os esforços, usar toda a sua persistência, assumir os riscos e aceitar as incertezas para implementá-la"
(Empreendedor do ramo de *Software*).

"O gosto por empreender cobre os riscos envolvidos no processo decisório"
(Empreendedor de Consultoria empresarial).

"O lado positivo de ser empreendedor é poder conquistar seu espaço, assumindo riscos pensados e uma liberdade de ação e perspectiva totalmente aberta a ele"
(Empreendedor do ramo de Publicidade).

Cerca de 21% dos empreendedores buscam reduzir os riscos do negócio, optando por utilizar capital próprio ou dividir o risco com sócios capitalistas:

"Noventa por cento do que a empresa é hoje é fruto de recursos próprios. Hoje devemos uma ponte rolante (equipamento). Uma empresa não pode dever para os bancos nem para o governo"
(Empreendedor do ramo de Importação de Equipamentos).

"Eu tenho que assumir o que faço; se eu ficar dividindo o risco com todo mundo, eu fico mais seguro, mas vou ter um retorno que não vale a pena"
(Empreendedor do ramo de Transportes).

Cai o mito do empreendedor que assume riscos deliberadamente

Assumir riscos também sempre foi considerado uma característica típica do empreendedor bem-sucedido. E isso se confirma em nosso estudo, mas o tipo de risco assumido pelo empreendedor é o risco calculado. Empreendedores não colocam todos os ovos no mesmo cesto. Analisam bem os cenários, buscam dividir os riscos em partes menores e muitos buscam compartilhá-los com outras pessoas. Porém, quando dividem os riscos, dividem também as recompensas (alguns preferem não dividir os riscos, como no exemplo acima).

Em nosso estudo verificou-se também que a grande maioria dos empreendedores, além de assumir riscos calculados, gosta de arriscar. E, ainda, poucos empreendedores de sucesso arriscam sem pensar ou sem calcular os riscos, ratificando que arriscar por arriscar não passa de um mito ou ato de insensatez daqueles que acham que, para ser considerado empreendedor, deve-se apostar alto sem pensar nas consequências. Este, aliás, ainda é um dos mitos mais difundidos acerca dos empreendedores de sucesso. O lema dos empreendedores vencedores é apostar alto sempre, mas desde que os resultados possam ser mensurados e as eventuais consequências negativas possam ser gerenciadas.

6. Fatores de Influência

O que leva uma pessoa a empreender? Qual é a sua motivação? Os fatores de influência buscam responder a esta pergunta, que na verdade permite múltiplas respostas. Alguns fatores são considerados pelos empreendedores como essenciais para o início de um novo negócio, ou seja, definem qual "evento de disparo" os levou a empreender. O que se percebe na verdade é que há combinações de fatores que motivam o empreendedorismo, mas, ainda assim, alguns aspectos-chave destacam-se da maioria.

Tabela 3.6 - Fatores de Influência (Admite mais de uma opção)

Critério	Absoluto	Relativo
Surgiu oportunidade	62	33,33%
Influência de familiares/amigos	49	26,34%
Quer ter autonomia	42	22,58%
Demissão	34	18,28%
Realização pessoal/sonho	32	17,20%
Independência financeira	28	15,05%
Liberdade para colocar ideias em prática	28	15,05%
Insatisfação com o trabalho	22	11,83%
Ter experiência no ramo	16	8,60%

Tabela 3.6 - Fatores de Influência (Admite mais de uma opção) (Continuação)		
Critério	**Absoluto**	**Relativo**
Outros	10	5,38%
Convite direto de amigo/familiar	9	4,84%
Melhorar a vida das pessoas	8	4,30%
Sucessão familiar	4	2,15%
Aposentadoria	2	1,08%
Descoberta / Inovação	2	1,08%
Total de Entrevistas	**399**	**100,00%**
Entrevistas Válidas	186	46,62%

Contrariando o senso comum, "ganhar mais dinheiro" não aparece como o principal deles, ou seja, não é o aspecto financeiro o principal motivador dos empreendimentos de sucesso. A percepção de oportunidades é, na maioria dos casos, o fato gerador da atividade empreendedora de sucesso:

"Atender a uma oportunidade identificada no mercado de serviço de impressão em flexografia que desejava um produto de qualidade com a flexibilidade neste processo, possibilitando alta qualidade em um segmento tradicionalmente de baixa qualidade"

(Empreendedor do setor Gráfico).

"A falta de escolas com foco na cultura japonesa na cidade de Campinas (SP) motivou-me a montar uma escola infantil com objetivo de transmitir a cultura oriental"

(Empreendedor do ramo de Educação).

"A vontade de poder criar oportunidades que fossem de meu interesse e que fossem ao encontro das necessidades da comunidade. Dessa forma, tive a oportunidade de participar da evolução das telecomunicações, criando empresas e consequentemente oferecendo produtos que ajudaram a melhorar a qualidade de vida das pessoas. Fatores como maior liberdade de decisão, aplicação e evolução nos conhecimentos necessários a empreender, criar o próprio caminho, relacionamento com novos parceiros e o poder de decidir o que e como construir também me levaram a ser empreendedor"

(Empreendedor do setor de Telecomunicações).

A influência de familiares também teve sua destacada importância para o estímulo da atividade empreendedora. Os principais aspectos observados foram os exemplos familiares e a educação de seus filhos.

"A empresa foi criada graças ao meu pai e ao meu irmão e eles me convidaram para participar da sociedade"
(Empreendedor do setor de Transportes).

"Sem sombra de dúvida, minha formação como empresário iniciou pela maneira como meu pai agia na educação de seus filhos. Com sete anos ele já havia me ensinado a gostar do nosso negócio, um posto de combustíveis. Passei a conviver com empregados de meu pai, com amigos e com clientes"
(Empreendedor do setor de Automação Industrial).

"A família foi o maior fator de influência sobre minha vida profissional. O fato de ver o meu pai fazer negócios diariamente, me ensinando a não ter medo de trabalhar, fez-me envolver com o negócio da família. Comecei trabalhando desde pequeno, passei por todas as áreas da empresa, o que me fez conhecê-la intimamente para ter um comprometimento com esse ramo"
(Empreendedor de Indústria de Papéis Especiais).

Outra observação importante identificada no estudo refere-se a questões relativas ao desejo de se possuir o próprio negócio, representado por variáveis como: ter desejo de ter autonomia, realização pessoal, colocar ideias em prática e fazer acontecer.

"Simplesmente o desejo de se colocar em prática um negócio que, além de trazer a satisfação pessoal pelo sonho realizado, trouxesse também retornos financeiros compatíveis com o investimento"
(Empreendedor do setor de Engenharia).

"Estou hoje aqui por causa de um sonho... Um sonho de vida realizado com a paixão que todo empreendedor deve ter e com a coragem que todos devemos nutrir ao desenvolvermos nossos projetos de vida"
(Empreendedor do setor Educacional).

"O objetivo de ganhar dinheiro não era o principal. O principal era ser capaz de realizar e criar sementes importantes..."
(Empreendedor de Conglomerado Industrial).

A demissão também assume papel importante como evento de disparo, mas cabe esclarecer que, dentre os 34 entrevistados que apontaram este critério, apenas 9 (26,47%) foram motivados exclusivamente pela demissão de um negócio. Esta é uma variável que, na maior parte dos casos, está atrelada a alguma outra questão como, por exemplo, o fato de que 29,41% dos que foram motivados pela demissão perceberam também uma oportunidade.

"Motivado pela demissão, os fatores que me influenciaram na abertura de meu escritório de advocacia e serviços previdenciários foram a vontade de ser independente financeiramente, ter o meu próprio negócio e aproveitar uma oportunidade que surgiu em função de um ótimo relacionamento mantido com os funcionários do INSS"

(Empreendedor do ramo de Assessoria Jurídica).

"Foi uma questão de oportunidade, pois faltavam poucos anos para a aposentadoria e foi oferecida pela empresa uma oportunidade de terceirizar uma das atividades que estavam sendo realizadas por seus próprios funcionários"

(Empreendedor do setor de Transportes e Comércio).

"Fui demitido... Isto foi a melhor coisa que me aconteceu! Fui trabalhar por conta própria e fiquei rico!"

(Empreendedor do setor de Transportes).

É claro que a busca por independência financeira também se destaca como motivador do processo empreendedor. Neste caso, a necessidade de encontrar uma fonte alternativa de renda para a sobrevivência está tão presente quanto o desejo de ficar rico ou de melhorar a situação financeira da família.

"Tenho dois filhos que hoje estão na faculdade, mas, quando abri a minha empresa aqui em São Paulo aos 35 anos – se não estou enganado –, estava com pouco dinheiro, precisava de uma nova fonte de renda e, como sempre tive o sonho de trabalhar no ramo de diversões, acabei me arriscando neste tipo de negócio"

(Empreendedor do ramo de Entretenimento e Franquias).

"Decidi abrir a empresa por necessidade, mas também porque enxerguei uma oportunidade de entrar em um mercado que oferecia muita oportunidade, em relação tanto a produtos de altíssimo valor agregado quanto de altíssima tecnologia. Até hoje, não há uma fábrica no Brasil que produza os forros que importamos. Com relação aos vidros, somente em 2000 uma empresa nacional começou a trabalhar com estes vidros refletivos"

(Empreendedor de diversos ramos).

"O principal fator foi a boa possibilidade de retorno financeiro, podendo conseguir um retorno bem maior do que se eu tivesse entrado para o mercado formal de trabalho. Outro fator foi a possibilidade de trabalhar por minha conta, sem ter de responder formalmente a um chefe"

(Empreendedor do setor de Transporte de Cargas).

Cai o mito de que ganhar dinheiro é a principal motivação do empreendedor

O que leva uma pessoa a empreender? Esta pergunta é recorrente quando se discute motivação empreendedora. No Brasil, há muitas pessoas que tentam uma atividade por conta própria por necessidade, sem constituir formalmente uma empresa, já que precisam sobreviver, e o que mais importa é buscar alternativas para conseguir o mínimo necessário de recursos diários para sustentar a família. Este tipo de empreendedor é o empreendedor de necessidade, já definido no capítulo anterior e muito comum em países em desenvolvimento, como é o caso do Brasil, onde as condições para se empreender não são as melhores e o preparo do empreendedor para gerenciar o negócio próprio ainda precisa ser aperfeiçoado.

Mas nossa pesquisa focou empreendedores considerados de oportunidade, que correm atrás de seus sonhos e que são privilegiados se os compararmos com os de necessidade, pois conseguem definir o caminho que pretendem seguir por opção e não por falta dela. Considerando-se esta premissa, seria comum supor que não haveria mito nenhum relacionado ao empreendedor que busca criar o próprio negócio porque quer ficar rico. Aliás, trata-se de algo muito difundido na cultura brasileira. Porém, seguindo uma tendência mundial, o resultado de nosso estudo mostra que, para os empreendedores de sucesso, "ganhar dinheiro" não é a principal motivação, apesar de ser um importante fator motivacional. O que eles mais buscam são a independência, a autonomia e a liberdade de fazer acontecer e implementar suas oportunidades. A autorrealização, a superação dos objetivos e a possibilidade de ver seus sonhos se concretizarem são também fatores que motivam o empreendedor a seguir em frente, apesar dos grandes desafios da jornada empreendedora.

Por isso, não é simples definir ou encontrar explicações únicas sobre o que motiva o empreendedor a fazer o que faz. O evento de disparo é influenciado por inúmeras variáveis, por influência de amigos e familiares, pela demissão e pelo desejo de sair do lugar comum e colocar em prática os projetos que muitas vezes ficam guardados na gaveta por anos... E quando o empreendedor consegue implementar suas iniciativas e atingir o sucesso, será natural obter também uma bela recompensa financeira. Ou seja, ganhar dinheiro para o empreendedor é consequência da realização acertada de seus projetos.

7. Dedicação

Os empreendedores que participaram de nosso estudo mostraram-se, de fato, pessoas altamente determinadas, comprometidas e dedicadas. Fazem o que gostam e consideram-se apaixonados pelo negócio. Fica claro aqui também que o sucesso é construído com muito esforço e trabalho árduo. Até existem os mais afortunados que conseguem pegar um atalho e chegar mais cedo ao objetivo final, mas são a exceção à regra.

Tabela 3.7 - Dedicação (Admite mais de uma opção)		
Critério	**Absoluto**	**Relativo**
Determinado / Dedicado	124	59,05%
Apaixonado pelo que faz	115	54,76%
Trabalha muito/Mais que 8h/dia	81	38,57%
Persistente / Não desiste	62	29,52%
É otimista	54	25,71%
Dinâmico	34	16,19%
Trabalha no fim de semana/feriado	11	5,24%
Outros	1	0,48%
Total de Entrevistas	**399**	**100,00%**
Entrevistas Válidas	210	52,63%

"Eu sou muito perseverante, muito sonhador, sou uma pessoa que busca os sonhos, busco realizar os sonhos. Preciso de desafios para me mover" (Empreendedor Social).

"Durante os primeiros 20 meses, muito trabalho e pouco dinheiro, pois todo o ganho era absorvido como capital de giro para expansão de novos negócios" (Empreendedor do ramo de Cartonagem).

"Ser o dono do negócio significa dedicação total ao sucesso da empresa. Isto significa doar-se em tempo e trabalho, muitas vezes sacrificando a própria vida familiar" (Empreendedor do setor de Bebidas).

Em muitos casos os empreendedores chegam a trabalhar além das oito horas diárias, sacrificam os finais de semana e dedicam mais tempo aos negócios do que à própria família. Outra característica presente no comportamento de cerca de 30% dos empreendedores entrevistados é a persistência, ou seja, são pessoas que não desistem diante de situações adversas ou de escassez.

"Eu trabalho não menos que 12 horas por dia e muitas vezes sete dias por semana; não me sinto cansado em fazer o que realmente gosto" (Empreendedor do ramo de Informática).

"O retorno é proporcional à energia que se deposita" (Empreendedor Social).

"Às vezes eu fico meio avoado em casa, embora eu procure separar algum tempo para ficar com meus filhos, com minha família, mas de repente eu percebo que estou pensando no cliente X, no projeto Y" (Empreendedor do setor de Consultoria em Logística e Manufatura).

"Precisei dedicar todo meu tempo para o novo negócio. Precisei também levantar capital para montar as instalações e comprar alguns equipamentos"
(Empreendedor do setor de Transportes).

"Você precisa lutar, perseverar, quando você está lutando você extrapola seu horário, relacionamentos, e causa stress, *que te consome. Você precisa fazer a tarefa de segunda a segunda, 20 horas por dia"*
(Empreendedor do setor de Equipamentos para Ventilação).

Duas outras características interessantes sob o prisma da dedicação ao negócio são o otimismo e o dinamismo dos empreendedores, que não se deixam abater por resultados negativos e seguem buscando soluções para o negócio.

"Dinamismo, aliás, é o que mais desfruta no seu trabalho. Não se cansa de buscar novos clientes, novas oportunidades e, mesmo diante das dificuldades, acredita que o segredo é insistir e crescer devagar e com solidez"
(Trecho de percepção do entrevistado retirado do relatório de entrevista).

"Minha maior força é buscar dentro de minha própria empresa a saída para algumas situações difíceis. É a certeza de adaptação aos mais variados tipos de situações impostas pelo mercado e de como podem ser transpostas"
(Empreendedor do setor de Serviços Terceirizados).

"É preciso ter disposição de investir tempo e vida pessoal pela empresa. É necessário estruturar a empresa em cima de um modelo de negócio. Inovar, revolucionar, apostar em algo diferente. Crie seu segmento de negócio. Não desanime com os riscos de perda. Acredite nas possibilidades de vencer"
(Empreendedor de Portal e Comércio Eletrônico).

8. Recursos

O estudo revelou que os empreendedores normalmente utilizam recursos próprios, advindos principalmente de reservas pessoais dos sócios. Os dados coletados mostram que é bastante comum a venda de bens para a capitalização dos novos negócios. Em aproximadamente 59% dos casos apenas recursos próprios foram utilizados para a implantação do negócio, evidenciando a acentuada aversão do empreendedor a capital de terceiros, principalmente no início da atividade.

Tabela 3.8 - Fonte dos Recursos Utilizados (Admite mais de uma opção)		
Critério	**Absoluto**	**Relativo**
Próprios	177	66,04%
Outros	54	20,15%
Bancos / Terceiros	46	17,16%
Família	41	15,30%
Indenização/Acordo	19	7,09%
Programas de incentivos do governo	10	3,73%
Sócio capitalista	9	3,36%
Não Consta	**131**	**32,83%**
Total de Entrevistas	**399**	**100,00%**
Entrevistas Válidas	268	67,17%

"Nunca precisei recorrer a bancos ou a investidores. Fiz tudo com recursos próprios. No início tive que vender meu carro para comprar um computador e licenças de software. *Boa parte de nossos ganhos foram e são reinvestidos na empresa"*

(Empreendedor do setor de Consultoria).

"Eu tinha um carro e um apartamento na Bahia. Vendi os dois, aluguei um apartamento em São Paulo e montei a loja"

(Empreendedor do Setor de entretenimento).

"Tudo isso foi feito com capital próprio, ou seja, não emprestamos um centavo. Isso era ruim, pois não tínhamos dinheiro para girar o negócio e, mesmo passando por dificuldades, a empresa não quebrou"

(Empreendedor serial: diversos negócios).

"Não recomendo empréstimos bancários para se abrir um negócio. Você já começa com dívidas"

(Empreendedor do setor de Consultoria).

Poucos são os que recorrem a bancos ou empréstimos familiares. Programas de crédito do governo e sócios capitalistas (*angel investor* e *venture capital*) são ainda menos comuns.

"Utilizamos uma parte de capital próprio e outra dividida entre recursos do BNDES (Finame) e leasing *bancário para alguns equipamentos"*

(Empreendedor do setor de Transporte).

"A falta de capital para investir no crescimento e o iminente boom *da internet nos fez procurar um sócio capitalista... Uma empresa de venture capital (capital de risco) adquiriu parte das ações da empresa, provendo dinheiro e instalações para que o portal pudesse se estabelecer formalmente no mercado"*

(Empreendedor do setor de Comércio Eletrônico).

"O início da empresa foi dado com um financiamento do BNDES e partir daí novos investidores se interessaram pelo negócio"

(Empreendedor de Clínica de Diagnósticos).

"Lembro bem quando o nosso contato na Merril Lynch, em São Paulo, nos perguntou se poderíamos viajar para a matriz deles em Nova York para apresentarmos nosso business plan. *Eles marcaram de um dia para outro e nem tínhamos dinheiro para as passagens. A apresentação, que estava programada para durar meia hora, durou mais que cinco horas. Fomos bombardeados de perguntas. No final do dia, saímos da reunião com um acordo que garantiria o aporte de US$5 milhões na empresa"*

(Empreendedor do setor de Comércio Eletrônico).

Como empreender sem dinheiro...

O resultado de nosso estudo ratifica uma estatística mundial sobre os empreendedores de que, na maioria dos casos, o recurso inicial para começar o negócio é proveniente do próprio empreendedor (de suas economias pessoais, fundo de garantia, herança etc.). Esse fenômeno não é exclusivo do Brasil e ocorre mesmo em países desenvolvidos como os EUA e países europeus. Pesquisas publicadas pelo Global Entrepreneurship Monitor (GEM) - estudo liderado pelo Babson College sobre a dinâmica empreendedora dos países - mostram que, quando o empreendedor utiliza recursos externos, estes são provenientes principalmente de alguém que conhece o empreendedor, tais como membros da família, amigos etc.

Isso leva à sugestão de que o empreendedor deve desenvolver melhor sua rede de contatos, caso não faça parte da categoria dos que possuem um recurso inicial mínimo, ou buscar alternativas, como as apresentadas a seguir. A falta de recursos sempre foi e parece que continuará a ser uma das principais reclamações (e com razão) dos empreendedores quando pretendem criar um negócio.

Especificamente no caso do Brasil, as taxas de juros e restrições de acesso ao crédito dificultam ainda mais a capitalização dos negócios. Mas há alternativas que estão crescendo nos últimos anos, até a "fundo perdido" (recursos não reembolsáveis, ou seja, não são financiamento) para o empreendedor estruturar e desenvolver sua empresa. Nosso estudo mostra que menos de 4% dos empreendedores entrevistados usufruíram dessa fonte de recurso.

A principal premissa para acessar este tipo de recurso é que os projetos devem focar em inovação, ou seja, apresentar um diferencial que crie barreira de entrada para os competidores e permita a empresa crescer rapidamente. As linhas existentes geralmente são provenientes de agências governamentais estaduais e do governo federal, sendo destinadas para capacitação de pessoal, pesquisa e desenvolvimento, acesso ao mercado e outras finalidades.

De todas as linhas, as mais atraentes são as destinadas a empresas inovadoras e que não exigem contrapartida significativa. Isso já é um diferencial considerável, haja vista que, para a maioria dos empreendedores, conseguir dinheiro em bancos significa oferecer alguma garantia real como contrapartida. Citaremos aqui alguns bons exemplos.

Um exemplo é o projeto PIPE da Fapesp de São Paulo (existem similares em outros estados da federação). No PIPE a empresa não precisa nem estar criada ainda para que o empreendedor submeta seu plano de negócios com vistas a conseguir os recursos para validar seu projeto inovador e depois colocá-lo no mercado. Há a possibilidade de se conseguir até R$ 1 milhão (na segunda fase) para projetos inovadores no PIPE. Cabe ressaltar novamente que não se trata de empréstimo e sim de aporte financeiro do governo em empresas inovadoras.

Finalmente, cabe citar as chamadas públicas da FINEP de subvenção econômica à inovação. Através desta linha de fomento pode-se conseguir recursos que ultrapassam, e muito, os montantes dos programas citados anteriormente para desenvolver projetos inovadores em micro e pequenas empresas.

Então, podemos concluir que se você tem um projeto de negócio inovador encontrará alternativas de investimento para fazê-lo sair do papel. Apesar das grandes dificuldades encontradas para as empresas acessarem recursos financeiros no país, estes exemplos podem ser considerados alternativas extremamente interessantes. A premissa continua sendo a mesma: você deve propor algo diferente. Não adianta recorrer a estas fontes de recursos para projetos tradicionais e em mercados já saturados por negócios similares.

9. Família Empreendedora

A análise deste critério traz à tona uma marcante relação existente entre os empreendedores de sucesso e o histórico empreendedor de suas famílias, principalmente tratando-se de antepassados diretos. O que se pode inferir é que a vivência com outros empreendedores tende a contribuir para a formação profissional dessas pessoas.

A minoria dos empreendedores entrevistados não mostrou qualquer influência familiar. Estes com certeza serão referência para os seus herdeiros...

Tabela 3.9 - Família Empreendedora (Admite mais de uma opção)

Critério	Absoluto	Relativo
Possui família empreendedora	131	86,18%
Pais	102	67,11%
Outros	40	26,32%
Avós	22	14,47%
Não possui família empreendedora	21	13,82%
Total de Entrevistas	**399**	**100,00%**
Entrevistas Válidas	152	38,10%

"Trabalhei durante seis anos em uma empresa da minha família e me inspirei em várias pessoas, como, por exemplo, meu avô e meu pai"
(Empreendedor do setor de Web Design).

"Meu avô era proprietário de uma alfaiataria, talvez inconscientemente ele tenha me influenciado"
(Empreendedor do ramo Odontológico).

"Meu pai veio de uma família bastante humilde e conseguiu, mesmo sem os mínimos recursos, se estabelecer e prosperar"
(Empreendedor do ramo de Comércio e Serviços de Informática).

"Meu pai era um grande empreendedor. Comprou um sítio com duas cabeças de gado no interior de Minas e, quando morreu, deixou 50 alqueires de terra, com 1000 cabeças"
(Empreendedor do ramo Publicitário).

"Eu sou o único empreendedor da família"
(Empreendedor do ramo de Construção).

10. Modelos de Referência

Em um primeiro olhar sobre os resultados deste tópico, nota-se que os principais modelos de referência, ou seja, pessoas que representaram fonte de inspiração aos empreendedores iniciantes, são familiares ou empreendedores de sucesso amplamente reconhecidos. Observando-se, porém, com mais cautela, atrai a atenção o fato de que os empreendedores de sucesso buscam, na verdade, referências em pessoas próximas a seu conhecimento e/ou convívio. Basta atentar para a soma das respostas relacionadas a "familiares" com as respostas associadas a "empreendedores da região/círculo de convívio", que supera a marca de 56% dos casos.

Tabela 3.10 - Modelos de Referência (Admite mais de uma opção)

Critério	**Absoluto**	**Relativo**
Familiares	39	43,82%
Empreendedores de sucesso	28	31,46%
Não teve	11	12,36%
Empreendedores da região/círculo de convívio	11	12,36%
Outros	7	7,87%
Amigos	4	4,49%
Sócios	3	3,37%
Total de Entrevistas	**399**	**100,00%**
Entrevistas Válidas	89	22,31%

"Eu sempre fui empreendedor e cresci vendo meu pai liderando o seu próprio negócio"

(Empreendedor do ramo de Assessoria de Marketing).

"Principalmente meu pai, pela rara combinação de perseverança e honestidade"

(Empreendedor de Comércio de Produtos de Informática).

"Quem realmente me inspirou foram meus sócios e meu ex-chefe"

(Empreendedor do setor Financeiro e Câmbio).

Dentre os grandes empreendedores que foram citados como modelo referência, nomes como os de Antônio Ermírio de Moraes, Silvio Santos, Lee Iacocca, Akio Morita e Samuel Klein ganham destaque. Esse fato ilustra a importância e responsabilidade que empreendedores de sucesso nacional e internacional passam a carregar involuntariamente, servindo de exemplo para aqueles que iniciam a jornada empreendedora.

"Fui inspirado também por grandes empresários brasileiros: Silvio Santos e Antônio Ermírio Moraes, dentre outros, além de uma constatação de

que todas as empresas tipo S/A, um dia, foram apenas ideias na cabeça de um empreendedor"

(Empreendedor do setor de Máquinas Inteligentes).

"Valorizo os que se arriscam e são determinados. Esqueci-me do nome do dono da GOL, mas gostei muito de suas ideias e atitudes"

(Empreendedor do setor de Bebidas e Entretenimento).

"Eu me inspirei em Antônio Ermírio de Moraes, tenho vontade de conhecê-lo pessoalmente"

(Empreendedor do ramo de Paisagismo).

Cai o mito do empreendedor nato

Para ser empreendedor a pessoa precisa nascer com este dom? Nem sempre... O empreendedor nato já foi definido no capítulo anterior, mas o que chama a atenção sobre este tipo de empreendedor é que ele geralmente não possui um modelo de referência a ser seguido, mas, ao contrário, parece que "nasceu pronto" e torna-se um modelo para os outros seguirem. Em nosso estudo, pouco mais de 12% dos empreendedores enquadram-se na categoria dos que não possuíam nenhum modelo de referência, o que não nos permite dizer que são natos apenas por esta constatação.

Por outro lado, quanto ao empreendedor que não tem uma referência clara a seguir, nem da família, nem do mercado, é muito provável que seja o *self-made man* ou o nosso empreendedor nato, que se impõe desafios, que cria as próprias referências, que se inspira no seu próprio talento e que não deixa de ser bastante egocêntrico. É difícil definir o empreendedor nato, mas é fácil identificá-lo. Em nosso estudo, alguns dos empreendedores entrevistados são bastante conhecidos dos brasileiros e enquadram-se na definição do empreendedor nato.

Como a minoria dos empreendedores encaixa-se nesta definição, não deixa de ser um mito o fato de achar que apenas os natos conseguem ter sucesso. Nosso estudo comprovou isso, mostrando que qualquer um, a princípio, pode ser um empreendedor de sucesso e que muitas variáveis influenciarão os resultados da empreitada. Aqueles que não tiveram o privilégio de já nascer com este dom podem adquirir habilidades empreendedoras com o passar do tempo, mudar suas atitudes em direção a um comportamento mais empreendedor, aprender técnicas de gestão essenciais para aplicar no negócio próprio e utilizar-se da própria experiência de vida para fazer acontecer. Tanto é verdade isto que muitos empreendedores de sucesso começaram suas atividades empresariais depois dos 50, 60 e até 70 anos de idade. Ou seja, nunca é tarde para empreender! Apesar do fascínio que os empreendedores natos causam na maioria das pessoas e do fato de que realmente são indivíduos diferenciados, a generalização de que para empreender é necessário ser nato é mais um mito que uma constatação, pois estes são exceções à regra.

11. Sócios

Nos casos de sucesso, os empreendedores buscam sócios que complementam suas habilidades, agregando valor ao negócio, e não apenas para dividir seus riscos.

Tabela 3.11 - Sócios (Admite mais de uma opção)

Critério	Absoluto	Relativo
Complementam as habilidades	134	47,69%
Sociedade prosperou	115	40,93%
Outros	90	32,03%
Amigos/Familiares	85	30,25%
Sociedade não prosperou	57	20,28%
Sócio capitalista / investidor	26	9,25%
Não teve sócios / Sócios apenas "no papel"	15	5,34%
Não complementam as habilidades	14	4,98%
Total de Entrevistas	**399**	**100,00%**
Entrevistas Válidas	281	70,43%

"Eu gosto de tecnologia, mas não como meu sócio, que é fanático por isso. Eu faço o balanceamento, levo para o lado prático, enquanto ele leva para o lado tecnológico"

(Empreendedor do setor de *Softwares* e Tecnologia da Informação).

"A incapacidade de admitir sócios poderá ser, desde logo, uma demonstração de não saber dividir, de egoísmo, que não pode nem deve estar presente em negócios, afinal, comércio é a arte de trocar com ganhos de valor. Saber escolher sócios não é uma ciência exata, mas é fundamental verificar a compatibilidade pessoal, de princípios morais e éticos. O resto acontece normalmente. As relações humanas sempre são muito cansativas para não se observar o mínimo de fundamentos que permitirão uma relação se sustentar"

(Empreendedor do setor de Serviços de Internet Corporativa).

"Em um primeiro momento, começamos o negócio com três sócios. Depois de lançado o site *convidamos ainda um amigo com mais experiência financeira"*

(Empreendedor de Portal Eletrônico).

"Na empresa de consultoria, minha sócia controlava a administração das finanças, funcionários e contabilidade. Na empresa de desenvolvimento de softwares, *meus sócios contribuíram com suas habilidades em desenvolver* softwares*"*

(Empreendedor do ramo de Telemarketing).

O estudo mostra ainda que um número maior de sociedades prosperou nos empreendimentos de sucesso. Em apenas cerca de 20% dos casos houve problemas e cisão de sociedade. Cabe acrescentar a esta análise que a questão de prosperidade entre os sócios não foi estimulada, ou seja, os apontamentos pelos entrevistados foram espontâneos, de modo que nem todos responderam a esse quesito.

> *"Sem sócio seria inviável uma pequena empresa com recursos limitados poder atingir seus objetivos"*
>
> (Empreendedor do setor Imobiliário).

> *"Os sócios podem contribuir para o crescimento do negócio, pois cada um tem uma visão diferente sobre o mesmo assunto e isto contribui fortemente para uma tomada de decisão, além de compartilhar os riscos"*
>
> (Empreendedor do ramo de Assessoria Jurídica).

> *"Mais cabeças pensantes, melhores ideias e melhor desenvolvimento"*
>
> (Empreendedor do ramo de Assistência Técnica em Informática).

> *"A minha sócia é fundamental para gerenciar a empresa nas minhas muitas viagens e diferentes projetos"*
>
> (Empreendedor do setor de Calibração de Equipamentos).

> *"Pode parecer atípico, mas o fato de sempre existir uma divisão de comando nos negócios foi benéfico tanto para o lado profissional quanto para o lado pessoal, o que possibilitou um pouco mais de qualidade de vida para os envolvidos"*
>
> (Empreendedor do ramo de Turismo).

Outro aspecto bastante comum é a participação de parentes nas sociedades e isso ocorre, em grande medida, por se tratarem de pessoas de confiança. Nessa categoria de sociedade, cerca de 43% complementam habilidades com os empreendedores entrevistados.

> *"É fundamental identificar sócios com os mesmos valores pessoais. Isso assegura a longevidade da relação"*
>
> (Empreendedor do setor de Entretenimento).

> *"Hoje somos quatro sócios. A sociedade, como tudo na vida, é muito boa desde que bem estruturada, com regras claras, com respeito. Isso tudo cria uma sinergia muito forte, além de dividir decisões em conjunto, o que dá mais segurança"*
>
> (Empreendedor serial: diversos negócios).

"Começamos eu e meu irmão do meio e, então, houve a necessidade de trazermos meu sobrinho para trabalhar na parte de sistemas... Eu cuidei da parte financeira, meu irmão do meio ficou com a parte comercial, nosso irmão mais velho cuidou da parte contábil e nosso sobrinho ficou responsável pelo sistema da empresa"

(Empreendedor que atua em diversos setores).

"Os meus sócios são os meus filhos, cada um se direcionou para uma área, e assim completaram minhas deficiências e otimizaram os processos com os conhecimentos técnicos adquiridos nos cursos de graduação e extensão"

(Empreendedor do ramo de Produtos Promocionais).

Cai o mito de que ter sócios não é bom

Um grande mito que envolve os empreendedores é o de que estas pessoas diferenciadas, que assumem riscos, que não se contentam com a mesmice, são autossuficientes, não precisam de sócios, ou seja, são "super-homens" ou "mulheres-maravilha".

Isso ocorre porque é comum observarmos exemplos de empreendedores de sucesso em jornais, revistas, livros, programas televisivos, internet, entre outras mídias, com foco excessivo no empreendedor de forma individual. É claro que as empresas de sucesso sempre tiveram em sua gênese alguém especial que vislumbrou o que a empresa seria um dia e acreditou que poderia construir uma grande organização. Mas ninguém faz isso sozinho e nosso estudo comprova esse fato.

Na verdade, o que diferencia o empreendedor de sucesso dos demais que tentam e não atingem grandes patamares de desempenho é que os primeiros se cercam de pessoas especiais, também empreendedoras, e que formam uma equipe que faz acontecer.

O trabalho em equipe é essencial para o sucesso em empreendedorismo e isso não é discurso, é fato. O empreendedor que pretende construir uma empresa com grande potencial de crescimento deve, em primeiro lugar, buscar responder às perguntas: quais são meus pontos fortes? Quais são meus pontos fracos? Que pessoas devo trazer para o negócio que complementem meu perfil, ou seja, que tenham pontos fortes que supram meus pontos fracos?

É claro que não é simples formar uma sociedade, que não é fácil encontrar sócios com perfis complementares aos seus, mas esta é uma das primeiras "lições de casa" do empreendedor. Se você não identificar pessoas com perfis complementares aos seus para formar uma sociedade, tome cuidado, pois muitos negócios têm problemas no relacionamento entre sócios justamente pelo fato de a sociedade ter sido determinada não por critérios de complementariedade, mas por questões apenas de empatia, por laços familiares,* entre outros motivos.

Sociedade é importante, é essencial e determinante para o sucesso de qualquer negócio. Por isso, deve ser tratada como assunto sério, recebendo a devida atenção do empreendedor. Não cometa o erro da maioria, que acredita que sócio é algo complicado, que sempre está querendo levar vantagem e "deixar você para trás". Este mito é difundido porque muitos dos que tentam e não conquistam o sucesso sofrem desse problema, mas a causa está na escolha dos sócios e não no fato de se ter sócios... Lembre-se, ninguém constrói uma grande empresa sem pessoas qualificadas ao seu lado. O empreendedor deve sempre desenvolver seu espírito de liderança, ser visionário, trabalhar muito, mas não faz acontecer sozinho...

* Apesar dos vários exemplos apresentados aqui em nosso estudo, deve-se tomar cuidado com sociedade em família. Será que as pessoas/membros da família realmente estão preparados para as funções que lhes foram atribuídas na sociedade? Não se deve escolher pessoas para cargos estratégicos apenas por que você confia nelas. Há também a necessidade de se estabelecerem critérios de competência técnica e gerencial.

12. Relações com a Família

Os empreendedores de sucesso contam, em grande medida, com o apoio de suas famílias, sendo que 23% dos entrevistados apontaram que isto foi muito importante para o negócio. Os empreendedores encaram o apoio da família como algo positivo e muitas vezes necessário, principalmente em épocas em que o negócio necessita maior atenção, ou ainda quando se faz necessário cortar gastos para sustentar a atividade com mais segurança.

"A família se envolveu por completo na associação; é minha mãe que controla o dia a dia e foi todo um envolvimento natural e positivo"
(Empreendedor social que criou uma associação sem fins lucrativos).

"Existe uma preocupação maior quando as vendas estão em baixa. O apoio da família é fundamental. Sou feliz por ter total apoio da esposa e filhos"
(Empreendedor do ramo de Consultoria Empresarial).

"Parte da família agora mora na fazenda e trabalha nela. Portanto, deixamos a vida agitada de São Paulo por um sonho no campo. Meu irmão visita com frequência a fazenda e dá o suporte para melhorias e contatos para novas frentes de venda do cogumelo no mercado"
(Empreendedor do setor de Produtos Orgânicos).

Tabela 3.12 - Relações com a Família (Admite mais de uma opção)		
Critério	**Absoluto**	**Relativo**
Teve apoio da família	108	41,22%
Passou a ter menos tempo com a família	97	37,02%
Outros	64	24,43%
Apoio foi muito importante	62	23,66%
Causou problemas familiares	50	19,08%
Melhorou a relação familiar	32	12,21%
Negócio não influenciou a família	19	7,25%
Não teve incentivo	8	3,05%
Total de Entrevistas	**399**	**100,00%**
Entrevistas Válidas	262	65,66%

Apesar do apoio, boa parte desses empreendedores passou a ter menos tempo com suas famílias e, para 19%, a atividade empreendedora causou problemas familiares. Entre os problemas apontados pelos empreendedores, notam-se casos de divórcio e outros de pouco contato com fases especiais do crescimento e educação dos filhos.

"A família no começo foi muito afetada, pois a minha carga horária era extremamente elevada; hoje eu já tenho uma equipe mais sincronizada e dedico um pouco mais de tempo à família"
(Empreendedor de Consultoria Empresarial).

"A única coisa que posso dizer é que a jornada de trabalho é grande e, quando eu tive o meu primeiro filho, fiquei um pouco distante da sua criação. Hoje tento mudar isso participando mais, aproveitando mais sua presença"
(Empreendedor do ramo de Consultoria Empresarial).

"A maioria das pessoas pensa que iniciando um negócio vão trabalhar menos. Muito pelo contrário. Temos mais obrigações. Trabalha-se muito mais e muitas vezes, por causa disso, a família é sempre a maior prejudicada."
(Empreendedor do ramo de Livraria).

"Acho que o fracasso do meu casamento foi fruto da minha carreira como empreendedor, de trabalhar até muito tarde e nos finais de semana! Se precisasse começar de novo, acho que faria tudo igual, mas certamente tentaria conciliar melhor o trabalho e a família"
(Empreendedor do setor de Construção Civil).

Em alguns casos, o empreendedor passou a ter melhor relacionamento com a família quando se envolveu no negócio próprio. Nesses casos, o que se percebe é a melhoria da qualidade de vida alcançada ou ainda a união dos entes para a gestão do negócio.

"Não estive atenta ao desenvolvimento dos meus filhos mais velhos no momento mais crítico (adolescência). Por outro lado, hoje posso proporcionar conforto e apoio financeiro aos meus pais, irmãos e filhos"
(Empreendedora do setor de Serviços de Informática).

"Dizem que envolver os negócios com a família não funciona, mas contesto isso com os meus exemplos de vida. No futuro, muitas empresas fecharão, pois não estão preparadas para vender relacionamentos. Não tenho dúvida que esse é o meu diferencial hoje e será amanhã"
(Empreendedor de Consultoria em Tecnologia da Informação).

"A melhora financeira e o ganho de tempo para passar com a família foram excelentes, pois posso passar 60% do tempo trabalhando em casa"
(Empreendedor de Consultoria em Normas Técnicas).

"Mesmo que tenha que trabalhar mais, ou aos sábados, nada me impede de sair às três horas da tarde para assistir à aula de natação do meu filho"
(Empreendedor do setor de Consultoria em Tecnologia da Informação).

13. Visão

Os empreendedores de sucesso são também pessoas visionárias e que possuem boa percepção de como será seu negócio no futuro. Esses empreendedores consideram-se à frente da concorrência e buscam antecipar-se aos fatos.

"Uma vez um chefe me mostrou uma matéria de capa de uma revista em que estava o concorrente que teve a visão e coragem de implantar um projeto novo no mercado que eu havia sugerido, mas meu chefe considerou que não teria futuro. Quando me mostrou a matéria do concorrente, ele disse que o presidente da nossa empresa pedira para que buscássemos recursos no exterior para lançarmos o projeto no Brasil. Eu lhe disse: 'lembra que há dois anos eu lhe apresentei esta ideia? Nós é que estaríamos na capa dessa revista'"
(Empreendedor do setor de Consultoria Empresarial).

"Com 17 anos, durante o trajeto de ônibus para chegar à empresa, constatei que nesta minha andança existiam bairros, e que a demanda de mão de

obra era muito grande, e nasceram muitos empreendimentos imobiliários. Então, pelo trajeto, nós passávamos por dentro destes bairros operários, e percebi que nestes bairros, por falta de uma política urbanística, foram criadas as casas, mas não existiam centros de abastecimento"

(Empreendedor de Empreendimentos Imobiliários).

Tabela 3.13 - Visão (Admite mais de uma opção)

Critério	Absoluto	Relativo
Possui visão de negócios	79	47,88%
É visionário / Antecipa-se aos fatos	75	45,45%
Outros	64	38,79%
Visão de longo prazo	38	23,03%
Cria coisas novas	8	4,85%
Curto prazo / Não possui visão de longo prazo	5	3,03%
Total de Entrevistas	**399**	**100,00%**
Entrevistas Válidas	165	41,35%

Boa parte desses empreendedores possui também visão de longo prazo e são pessoas que conseguem projetar situações futuras desejadas, norteando, assim, seu negócio e os esforços envolvidos.

"Empreender é ter uma visão e ir atrás dela sem medir esforços, é uma realização de vida"

(Empreendedor de Conglomerado Industrial).

"Ter uma visão estratégica antes de enfrentar um desafio é sempre obrigatório. Não se deve lutar no escuro... Se o objetivo é definido, a tática mostra por onde se deve andar para alcançá-lo, e por isto deve sempre ser preparado, mas desafios, às vezes, impõem improvisos"

(Empreendedor Corporativo do setor de Energia).

14. Liderança

Os empreendedores de sucesso consideram-se bons líderes e formadores de equipe. Selecionam pessoas-chave para o trabalho e conseguem motivá-las para atingirem objetivos. Esses empreendedores consideram o trabalho em equipe essencial para o sucesso e por isso buscam priorizar a formação de suas equipes.

Tabela 3.14 - Liderança e Equipe (Admite mais de uma opção)		
Critério	**Absoluto**	**Relativo**
Bons líderes/formadores de equipe	88	63,77%
Outros	43	31,16%
Motiva a equipe / Tem persuasão	33	23,91%
Bom relacionamento com a equipe	25	18,12%
Possui experiência com liderança	11	7,97%
Gosta de liderar / Desejo de liderar	5	3,62%
Trabalham sozinhos	2	1,45%
Não possui característica de líder	1	0,72%
Total de Entrevistas	**399**	**100,00%**
Entrevistas Válidas	138	34,59%

"É preferível ter uma equipe 'A', com uma ideia 'B', do que uma ideia 'A', com uma equipe 'B'"

(Empreendedor do setor de Biotecnologia).

"Outro fator que tem sido decisivo para o sucesso do empreendimento, principalmente agora, na fase pós-implantação, é a formação da equipe"

(Empreendedor de Laboratório e Consultório Médico).

"Eu pessoalmente acredito que o grande vetor que impulsiona uma empresa é o fator humano. Quando se tem um grupo bem formado e coeso, que tem conhecimento do produto, é difícil as coisas darem errado. O grande patrimônio de uma empresa são as pessoas. O sucesso financeiro vem quando o mercado enxerga na sua empresa a seriedade, lastro humano"

(Empreendedor do setor de Equipamentos para Ventilação).

Esses empreendedores acreditam que a equipe é muito importante para o negócio e por isso buscam estabelecer bom relacionamento e compartilhar sonhos e resultados com os sócios e funcionários.

"Acho que consegui que a minha visão do futuro do colégio fosse compartilhada com outros sócios, que acreditaram em mim e na minha vontade e iniciativa"

(Empreendedor do setor Educacional).

"Vejo o negócio como um laboratório onde os profissionais podem experimentar novas linguagens. Procuro 'oxigenar' a equipe alternando a colaboração de diversos profissionais, realizando workshops *sobre assuntos relevantes"*

(Empreendedor do setor de Comunicação).

"A chave do sucesso é quando você consegue fazer com que a grande maioria dos teus colaboradores se sinta comprometida com a empresa"
(Empreendedor do setor de Alimentação).

15. Momentos de Satisfação

Mais uma vez e confirmando os fatores de influência do empreendedor, a questão de retorno financeiro não está entre os aspectos que representam a maior satisfação para os entrevistados.

Tabela 3.15 - Momentos de Satisfação (Admite mais de uma opção)

Critério	Absoluto	Relativo
Reconhecimento do mercado	73	29,20%
Quando atingiu sucesso / estabilidade	58	23,20%
Início do negócio / primeiro cliente	47	18,80%
Outros	42	16,80%
Ter alcançado suas metas e objetivos	39	15,60%
Ampliação do negócio / Novas unidades	27	10,80%
Quando obteve retorno financeiro	23	9,20%
Todos os dias / Não há um específico	13	5,20%
Total de Entrevistas	**399**	**100,00%**
Entrevistas Válidas	250	62,66%

Os momentos de maior satisfação para os empreendedores estão mais relacionados ao reconhecimento dado pelo mercado. Os empreendedores sentem-se recompensados ao perceberem que estão contribuindo de alguma forma para o mercado quando oferecem produtos e serviços de qualidade, satisfazendo necessidades e/ou desejos. É a autorrealização...

"Eu poderia deixar tudo isto de lado e viver tranquilamente com a minha família, sem mesmo ter a preocupação do gerenciamento do negócio, porém a satisfação em realizar coisas as quais até outros concorrentes, do exterior inclusive, admiram, é muito gratificante, inclusive também pelo fato de dar emprego a outros... isto é uma satisfação muito grande"
(Empreendedor de diversos setores).

"Momentos gratificantes foram muitos, mas destacam-se as conquistas de clientes tais como: Price Waterhouse Coopers, Unilever, Nestlé, Amcham, FGV, Dpaschoal e Instituo Ethos. Isso trouxe a segurança de que estávamos no caminho certo"
(Empreendedor do setor de Projetos de Responsabilidade Social).

"A maior satisfação para um empresário é ser contratado novamente por um mesmo cliente. Já tivemos esta experiência várias vezes"
(Empreendedor do setor de Consultoria Empresarial)

"A maior satisfação deste empreendimento é reencontrar ex-alunos, verificar que eles estão indo bem e que a educação infantil ajudou no processo educacional da criança. Esta satisfação é um motivo para a continuidade do projeto e aperfeiçoamento contínuo da escola"
(Empreendedor do setor Educacional).

Outros momentos marcantes para o empreendedor ocorrem logo que iniciam a atividade e ao atingir uma situação de estabilidade para o negócio. Por se tratar muitas vezes da realização de um sonho, os empreendedores encaram o negócio como uma extensão deles próprios, de modo que seu surgimento e maturação, bem como a estabilidade econômica, representam grandes momentos de satisfação.

"O meu cotidiano é muito satisfatório, pois cada vez que saio de um cliente tenho a certeza de que ele se sente atraído por nossa tecnologia. Nossa trajetória me dá orgulho. Minha maior satisfação é a de receber comentários e elogios de clientes"
(Empreendedor de Consultoria Empresarial).

"Sempre se torna uma grande satisfação quando o Cliente fica satisfeito com os serviços prestados e acaba recomendando aos seus conhecidos. Mas a grande satisfação mesmo é poder tornar realidade um negócio que foi desenhado e desenvolvido desde a sua criação"
(Empreendedor do setor de Telefonia Virtual).

"A inauguração foi o momento de maior satisfação. A nossa cachaçaria estava repleta de familiares, amigos e a imprensa. Parecia um grande e vitorioso começo"
(Empresário do ramo de Entretenimento).

"O momento de maior satisfação foi quando todas as dívidas foram sanadas e, associado a isso, mais um novo laboratório estava sendo montado"
(Empreendedor do setor de Equipamentos para Informática).

Alcançar metas e objetivos estabelecidos também são fatores de grande satisfação para alguns empreendedores. Da mesma maneira, para cerca de 10% dos entrevistados, a ampliação do negócio é o momento de maior satisfação.

"Eu acho que agora, considerando o momento que o setor de metalurgia não ferrosa atravessa, faz com que eu me orgulhe muito, pois quando começamos

produzíamos 4.000 toneladas/mês de um alumínio de péssima qualidade e hoje atingimos nossas metas de 340.000 toneladas/mês com um alumínio de ótima qualidade"

(Empreendedor de Conglomerado Industrial).

"O momento de maior satisfação acho que foi quando terminei o meu primeiro prédio de 10 andares e disse 'agora posso me considerar um construtor'"

(Empreendedor de Empreendimentos Imobiliários).

"Foi ao inaugurar a unidade de Jundiaí, em que o prefeito da cidade estava presente e fez até um discurso"

(Empreendedor do setor de Educação Fundamental).

Menos citado, o retorno financeiro obtido com o negócio traz satisfação em alguns casos, principalmente quando se trata da conquista de uma situação melhor de vida ou independência financeira. Há casos também em que os empreendedores não destacam um momento específico que ocasionou maior satisfação pessoal.

"A loja me proporcionou grandes satisfações, mas a maior de todas foi quando pude mandar dinheiro aos meus parentes no Vietnã"

(Empreendedor do setor de Comércio de Artefatos de Couro).

"O momento de maior satisfação foi quando tive o retorno de todo o capital investido, seis meses após a abertura do escritório"

(Empreendedor de Assessoria Jurídica).

"Quando rompemos a barreira do ponto de equilíbrio, o que se deu dois anos depois do início das operações"

(Empreendedor do setor de Cosméticos).

"Creio que no final do primeiro ano, quando fizemos um balanço geral do negócio, tendo assim uma visão mais real do nosso espaço e efetuamos nossa primeira retirada dos lucros"

(Empreendedor do setor de Tecnologia da Informação).

16. Momento Crítico

Entre os momentos mais críticos, destacam-se problemas internos, o início do negócio e a vulnerabilidade a questões macroeconômicas. Os principais problemas internos estão relacionados a questões como falta ou excesso de estoques, descontrole de fluxo de caixa e dependência de um único cliente. No início do negócio, as dificuldades concentram-se na falta de capital e problemas de penetração no mercado.

Tabela 3.16 - Momentos Críticos (Admite mais de uma opção)		
Critério	**Absoluto**	**Relativo**
Problemas internos de gestão	63	27,16%
Início do negócio	57	24,57%
Outros	53	22,84%
Crise econômica (cambial, monetária etc.)	43	18,53%
Conflitos com sócios / funcionários	24	10,34%
Concorrência (novos entrantes e/ou fortalecimento)	15	6,47%
Não houve um momento crítico ainda	11	4,74%
Mercado estagnado / Falta de clientes	3	1,29%
Total de Entrevistas	**399**	**100,00%**
Entrevistas Válidas	232	58,15%

"No primeiro contrato não tivemos nenhum problema, no segundo foi quando percebemos que tínhamos feito um negócio grande demais, faltavam algumas coisas para serem concluídas e não tínhamos mais dinheiro"
(Empreendedor que atua em diversos setores).

"Acabamos vendendo a prazo para empresas com mais de 100 títulos protestados ou para algumas que haviam sido abertas há um ou dois meses... O problema é que com vendas semanais eu cheguei a ter oito faturas de determinados clientes para então saber que eles não iam me pagar e minhas contas estavam vencendo"
(Empreendedor do setor Varejista).

"Nós ficamos quase um ano sem obras e sem poder despedir o pessoal, pois o grande capital de uma construtora é a estrutura que ela tem, principalmente humana. São os engenheiros, encarregados... Não se pode abrir mão dessa equipe, sob pena de você não ter empresa. Esse foi um período muito duro para nós"
(Empreendedor do setor de Construção Civil).

As crises econômicas também representaram momentos críticos aos empreendedores, destacando-se as crises cambiais e a abertura aos importados.

"O momento mais crítico foi efetivamente na crise do Plano Collor. Administrar aquilo foi um terror! Impensável! Antes disso ainda tínhamos a inflação enorme que nos obrigava a fazer malabarismos, mas creio até que tivemos algumas vantagens com isso. Mas a partir desse plano as coisas não foram mais as mesmas e o negócio de construir para o Estado deixou de ser interessante"
(Empreendedor do setor de Projetos e Construção).

"O pior momento foi no segundo semestre de 2002, quando houve uma forte desvalorização do real frente ao dólar. Tínhamos dívidas em dólar e nossa receita era em real. Foi realmente muito difícil. Conseguimos superar essas dificuldades renegociando alguns contratos e utilizando alguns recursos externos para contornar a situação"

(Empreendedor do setor de Transportes).

"A empresa passou por dificuldades nos momentos em que o país passou por crises econômicas, uma vez que os clientes pararam de fazer investimentos esperando melhorias no cenário econômico. Superamos essas dificuldades através da otimização dos custos"

(Empreendedor do setor de Máquinas e Equipamentos).

"O episódio do confisco do dinheiro durante o governo Collor, o chamado 'Plano Collor' e a desvalorização da moeda. Conseguimos superar esses dois episódios reinvestindo os lucros obtidos até então"

(Empreendedor de diversos setores).

"No início eu não tinha capital de giro nem crédito. Depois foram as crises do país, os planos econômicos, a inflação; mas sempre os superei com obstinação e muito trabalho"

(Empreendedor de diversos setores).

Conflitos internos, com sócios e/ou funcionários, e questões relacionadas à concorrência também aparecem, em menor grau, como momentos de grande dificuldade para os empreendedores:

"Sem dúvida foi o rompimento da primeira sociedade, pois, além dos problemas da empresa, existia um vínculo de amizade muito forte que não poderia contaminar o processo e nem o futuro"

(Empreendedor do setor de Advocacia).

"A saída do funcionário que montou concorrência e levou boa parte dos clientes"

(Empreendedor do setor de Comércio de Máquinas e Equipamentos).

"O momento mais crítico foi o de competição com empresas internacionais que tentaram entrar no mercado brasileiro no final de 2000"

(Empreendedor de Portal e Comércio Eletrônico).

"Foi na época da divisão do grupo empresarial com meus irmãos, devido à pressão que estávamos sofrendo das mulheres e filhos para que estes en-

trassem no negócio como donos e não como empregados. Contratamos uma empresa de consultoria para fazer a divisão dos negócios e isto levou 18 meses. O desgaste foi muito grande, mas conseguimos fazer a divisão, porém o espírito de ceder de cada um dos sócios foi o fator mais importante"

(Empreendedor serial: diversos negócios).

"O momento mais crítico está sendo agora, com a fusão de grandes grupos e a mudança completa do conceito de supermercados"

(Empreendedor do setor Varejista).

17. Lado Positivo

O lado positivo de ser empreendedor está fortemente atrelado a sensações de liberdade, independência e realização pessoal. O retorno financeiro também é tido como positivo, mas as recompensas intangíveis lideram a lista com grande vantagem.

Tabela 3.17 - Lado Positivo (Admite mais de uma opção)

Critério	Absoluto	Relativo
Liberdade / Independência para decisões e ações	104	46,43%
Realização / Satisfação Pessoal / Fazer o que gosta	86	38,39%
Retorno financeiro	32	14,29%
Outros	30	13,39%
Aprendizado / Desafios	25	11,16%
Horário flexível	21	9,38%
Contribuição para a sociedade	20	8,93%
Status / Reconhecimento	15	6,70%
Total de Entrevistas	**399**	**100,00%**
Entrevistas Válidas	224	56,14%

"Ser dono do próprio nariz, ter a liberdade de definir sua metodologia de trabalho, as pessoas com quem quer trabalhar e a satisfação de criar e realizar projetos"

(Empreendedor do setor de Turismo).

"É poder conduzir e planejar seus negócios para onde acredita e conforme seus princípios, não ter que dar satisfação para ninguém, com exceção dos clientes, ter horário flexível e independência"

(Empreendedor de Assessoria Financeira).

"O lado positivo é a realização profissional, econômica e principalmente o fato de estar abrindo campo de trabalho para muitas pessoas"
(Empreendedor do setor de Planos de Saúde).

"É o maior potencial de retorno financeiro comparado a quem trabalha em empresa, a flexibilidade de horário e o fato de não ter que responder para um chefe direto"
(Empreendedor do setor de Transportes).

"A realização pessoal é a melhor parte, isso não só para um empreendedor, para qualquer um. Sinto-me bem em saber que gero empregos e, como leonino que sou, gosto da admiração e do orgulho que minha família tem por mim"
(Empreendedor do setor de Entretenimento).

A oportunidade de aprendizado e o contato com desafios são outros aspectos positivos levantados pelos empreendedores, bem como a possibilidade de trabalhar com horário flexível, poder contribuir para a sociedade e o obter reconhecimento por isso.

"É dar emprego e oportunidade para as pessoas e cumprir com competência uma missão a que se propõe como profissional e empresário"
(Empreendedor do setor de Desenhos Gráficos).

"O lado positivo de empreender é sempre ter um desafio e ver suas ideias concretizadas"
(Empreendedor de diversos setores).

"O lado positivo de ser empreendedor é a sensação de realização e de independência. Ser responsável pelo empreendimento e ajudar a melhorar a vida das 56 famílias dos empregados que trabalham comigo e dos 4 milhões de clientes que usam o site *todo mês é gratificante"*
(Empreendedor do setor de Tecnologia da Informação).

"O lado positivo é poder ter erguido um patrimônio para a família e proporcionar a 25 mil funcionários a oportunidade de crescer na vida"
(Empreendedor de Rede Varejista).

18. Lado Negativo

Entre os pontos negativos do empreendedorismo, destacam-se a carga excessiva de trabalho e os riscos envolvidos na atividade. Conforme assinalado anteriormente, muitos empreendedores trabalham mais de oito horas por dia e em finais de semana e, apesar de fazerem o que gostam, reconhecem o desgaste físico e mental que esse esforço acarreta. A incerteza de retorno dos investimentos feitos também é uma variável incômoda, apesar do apetite do empreendedor por tomar riscos calculados.

Tabela 3.18 - Lado Negativo (Admite mais de uma opção)

Critério	Absoluto	Relativo
Carga excessiva de trabalho	64	29,09%
Incertezas / Riscos	55	25,00%
Outros	49	22,27%
Muita responsabilidade	46	20,91%
Pouco tempo com a família	41	18,64%
Impostos / Políticas e burocracia do governo	19	8,64%
Não tem	13	5,91%
Conflitos com sócios	9	4,09%
Total de Entrevistas	**399**	**100,00%**
Entrevistas Válidas	220	55,14%

"O lado negativo é que no início não se tem tempo para mais nada a não ser o negócio, e o resto da nossa vida fica em segundo plano"

(Empreendedor de Consultoria Empresarial).

"O lado negativo é que acaba o seu tempo. Antes tínhamos férias, hoje não. Praticamente não temos domingo. Talvez falte uma programação para que possamos ter férias e domingos"

(Empreendedor de Postos de Combustível).

"Ter que estar ligado 24 horas no seu negócio e não ter a segurança do que vai ser no dia seguinte"

(Empreendedor de diversos setores).

"Está relacionado ao aspecto pessoal. A sobrecarga de trabalho, levando muitos 'a reboque', inclusive os sócios. O risco de anular a vida pessoal, fa-

miliar e afetiva. O risco de perder o patrimônio 'girando o negócio'. Ter que matar um leão por dia. Ter que decidir o destino de pessoas em favor de um objetivo maior como, por exemplo, demitindo profissionais"

(Empreendedor do setor de Construção).

A excessiva dedicação ao negócio implica também em muita responsabilidade, não só com o negócio, mas também com seus funcionários, e provoca problemas na vida pessoal e familiar, já que passam a dispor de menos tempo para esse convívio.

"É a excessiva dedicação que acaba de certa forma abalando ou influenciando de forma negativa sua vida pessoal"

(Empreendedor do setor de Tecnologia da Informação).

"Além de faltar tempo para a vida pessoal, às vezes é difícil se desligar do trabalho. Isto é o fardo da responsabilidade. Se o negócio não for bem, você pode quebrar de forma integral"

(Empreendedor de Portal Virtual).

"Grande responsabilidade que pesa diariamente nos ombros, a dor de cabeça, os problemas, as noites sem dormir"

(Empreendedor do setor de Comércio Eletrônico).

"Quando a gente acerta, é ótimo para todo mundo, mas, quando erramos, o peso é só nosso"

(Empreendedor do setor de Comércio para Alérgicos).

Análises cruzadas

Além das análises individuais por características, algumas análises cruzadas foram realizadas a partir dos resultados do estudo e são apresentadas a seguir.

Planejamento (Geral)

O gráfico a seguir traça um comparativo geral entre os empreendedores entrevistados que utilizaram algum tipo de planejamento (formal ou informal) e aqueles que apenas seguiram a intuição. Foram escolhidas para esta análise as principais variáveis que eventualmente poderiam ser influenciadas pelo planejamento ou pela falta dele.

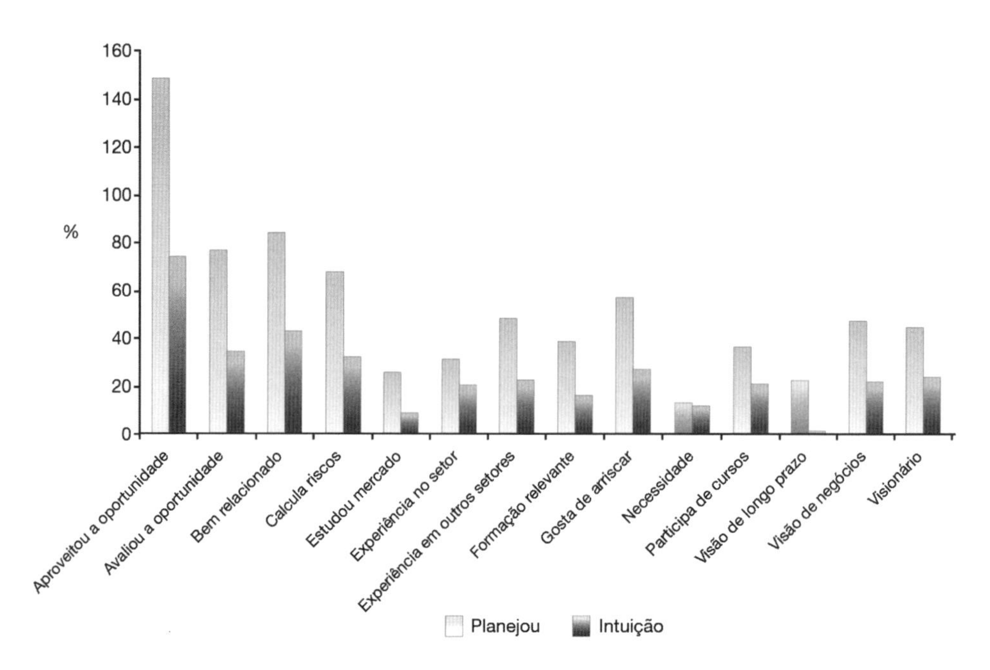

Figura 3.4 - Comparativo entre planejamento formal e intuição.

O que se percebe no gráfico é que a maioria das variáveis não se mostrou tão sensível ao planejamento. Nota-se claramente que as variáveis analisadas não divergem muito entre os que planejaram e os que seguiram puramente a intuição.

A principal diferença está relacionada à "visão de longo prazo", indicando que o planejamento contribui para este aspecto. Dentre os empreendedores que seguiram apenas a intuição, apenas cerca de 1% considera possuir visão de longo prazo, enquanto aproximadamente 14% dos que planejam possuem essa característica.

Aqueles que planejaram também estudam mais o mercado em que pretendem atuar (19% contra apenas 8%) e, em mais de 41% dos casos, avaliaram a oportunidade identificada, enquanto, entre os que seguiram puramente a intuição, aproximadamente 33% fizeram a avaliação.

O empreendedorismo de necessidade,* por sua vez, está mais presente entre os que não planejaram, em 12,22% dos casos, contra cerca de 4% dentre

* Apesar de os empreendedores que fizeram parte deste estudo serem considerados empreendedores de sucesso, devido ao resultado dos seus empreendimentos à época em que o estudo foi realizado, alguns foram motivados inicialmente a se envolver no negócio próprio por necessidade e depois migraram para a categoria de empreendedorismo de oportunidade.

os que fizeram algum tipo de planejamento. O planejamento contribui também para a formação de uma visão de negócios e estimula o empreendedor a calcular riscos, já que estes estão mais presentes nestas variáveis com vantagem de 6,60% e 6,14% frente aos que não planejam.

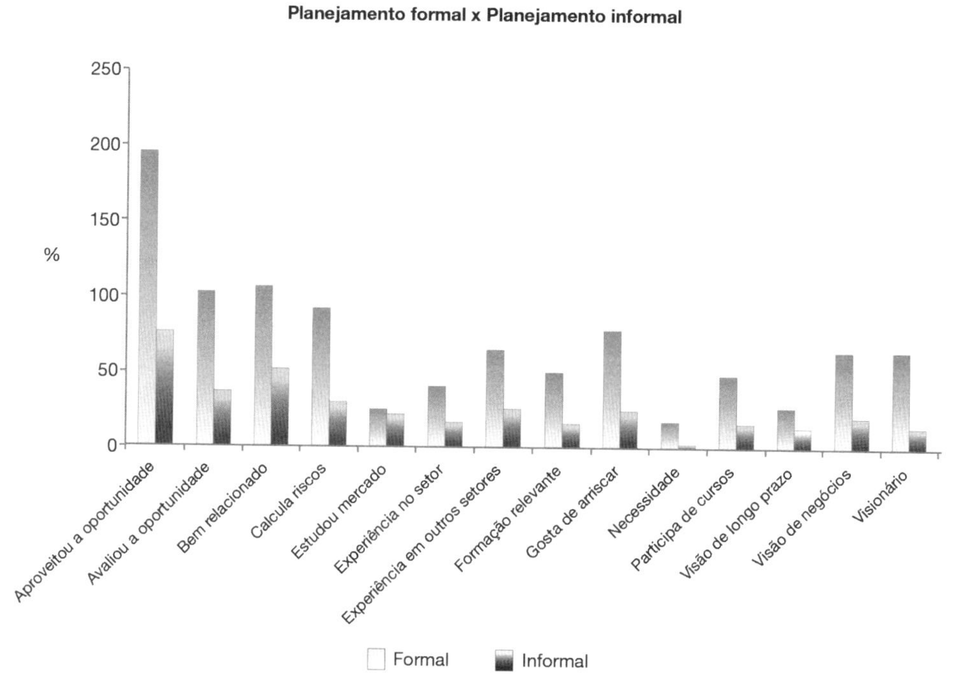

Figura 3.5 - Comparativo entre planejamento formal e informal.

Considerando as mesmas variáveis do anterior, este gráfico traz um recorte das diferenças entre os que planejaram informalmente e os que utilizaram o plano de negócios ou alguma outra ferramenta de planejamento.

Neste caso, percebe-se que o planejamento informal destaca-se levemente (3,9%) entre os que identificaram oportunidades, mas um plano formal contribui mais para sua avaliação (7,3%). Os que planejam formalmente possuem mais apetite para risco e têm maior propensão a calculá-los (8%).

Os empreendedores que não elaboraram um plano formal são também mais bem relacionados e possuem mais experiência no ramo de atuação, condições que provavelmente lhes permitem menor grau de dedicação ao planejamento. A visão de negócios, por sua vez, parece mais consolidada entre os que elaboraram um planejamento estruturado, possivelmente por fazê-los estudar e compreender melhor as questões relativas ao novo negócio. Os que planejam formalmente são também mais visionários e antecipam-se aos fatos em mais casos do que aqueles que possuem o plano "na cabeça".

Planejamento X Momento Crítico

Este cruzamento de dados busca entender se há relação entre a adoção ou não de planejamento e seu impacto nos momentos críticos mais apontados pelos empreendedores. Novamente, foram selecionadas variáveis em que o planejamento ou sua falta poderiam causar algum impacto.

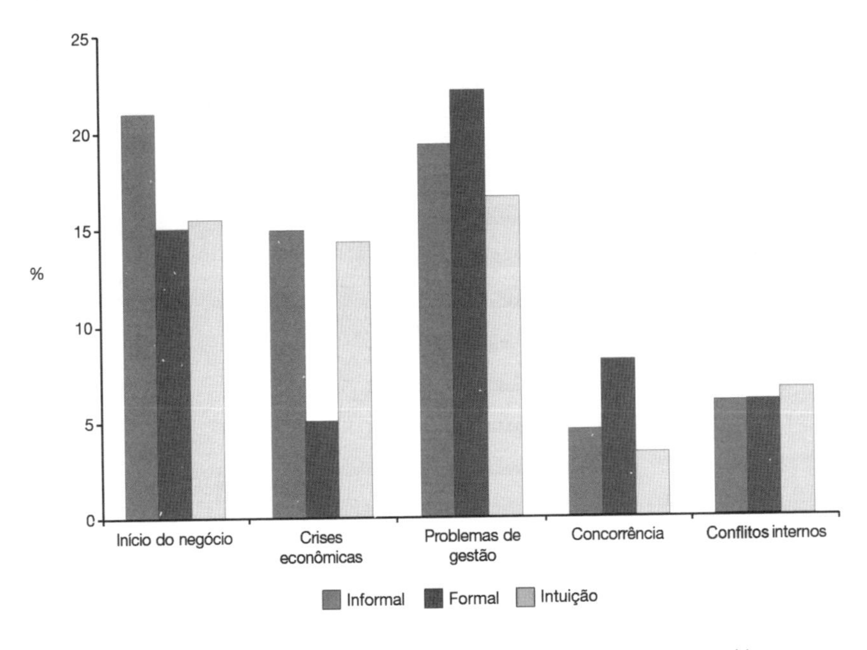

Figura 3.6 - Comparativo entre tipos de planejamento e momentos críticos.

Os empreendedores que planejaram formalmente mostraram-se menos vulneráveis às crises econômicas, já que apenas 5% destes tiveram momentos críticos nesse âmbito. Uma possível explicação é que o planejamento estruturado leva o empreendedor a entender o contexto e as variáveis externas que impactam em seu negócio, além de estimular sua visão de longo prazo.

Apesar de menos destacada, a vantagem de quem planejou formalmente aparece também entre os que tiveram problemas no início do negócio: em cerca de 15% dos casos, frente a 20,9% dos que planejam informalmente e 15,6% entre os que não planejam.

O planejamento formal, por outro lado, não se mostrou eficaz diante de problemas internos de gestão, ou ainda de ataques da concorrência. Com relação a conflitos internos, as três variáveis praticamente não divergiram. O estudo de campo não foi aprofundado a ponto de avaliar a qualidade do planejamento elaborado pelos empreendedores, mas os resultados sugerem que esses aspectos do planejamento não foram devidamente explorados, ou, ainda, que, mesmo sendo exploradas, tais variáveis são pouco influenciadas pelo planejamento.

Por fim, os empreendedores que seguiram apenas sua intuição não apresentaram diferenças enfáticas nos momentos críticos analisados quando comparados aos demais que planejaram, com exceção às crises econômicas.

Análise da Oportunidade

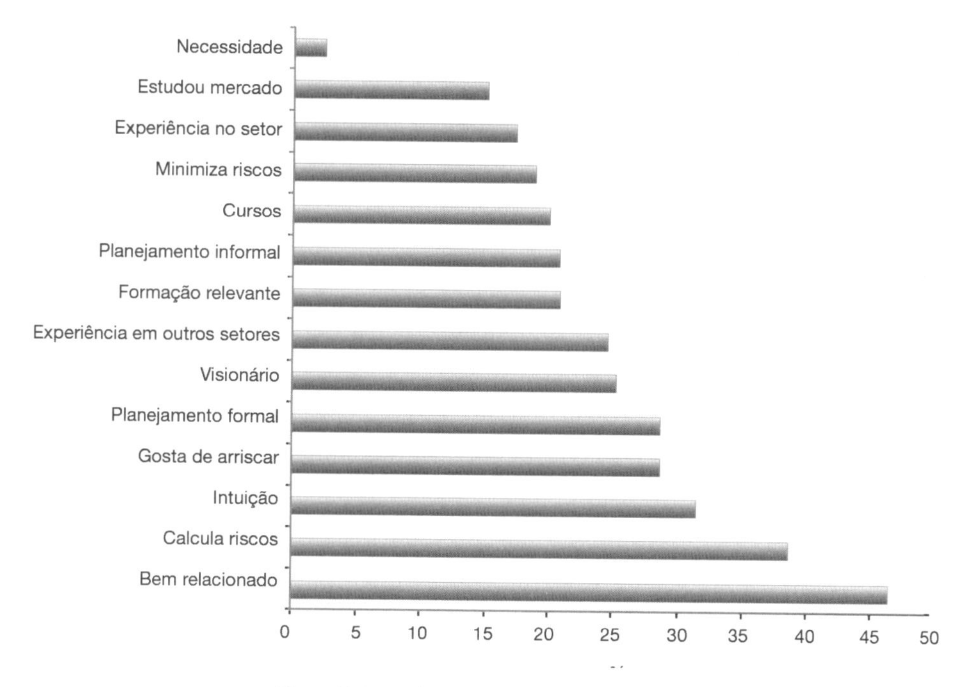

Figura 3.7 - Perfil geral dos empreendedores.

O gráfico acima traça um perfil geral dos empreendedores que perceberam e aproveitaram alguma oportunidade. Nota-se primeiramente que esses empreendedores são bem relacionados, calculam riscos e seguem bastante a própria intuição, apesar de também planejarem formalmente. Cerca de 25% desses empreendedores são visionários e tiveram experiências em outros setores antes de empreender.

Pouco menos de 20% dos que aproveitaram uma oportunidade já trabalharam antes no mesmo setor e pouco mais de 15% estudaram o mercado. Poucos são os casos (2,46%) em que a necessidade levou o empreendedor a encontrar oportunidades.

Oportunidade x Momento Crítico

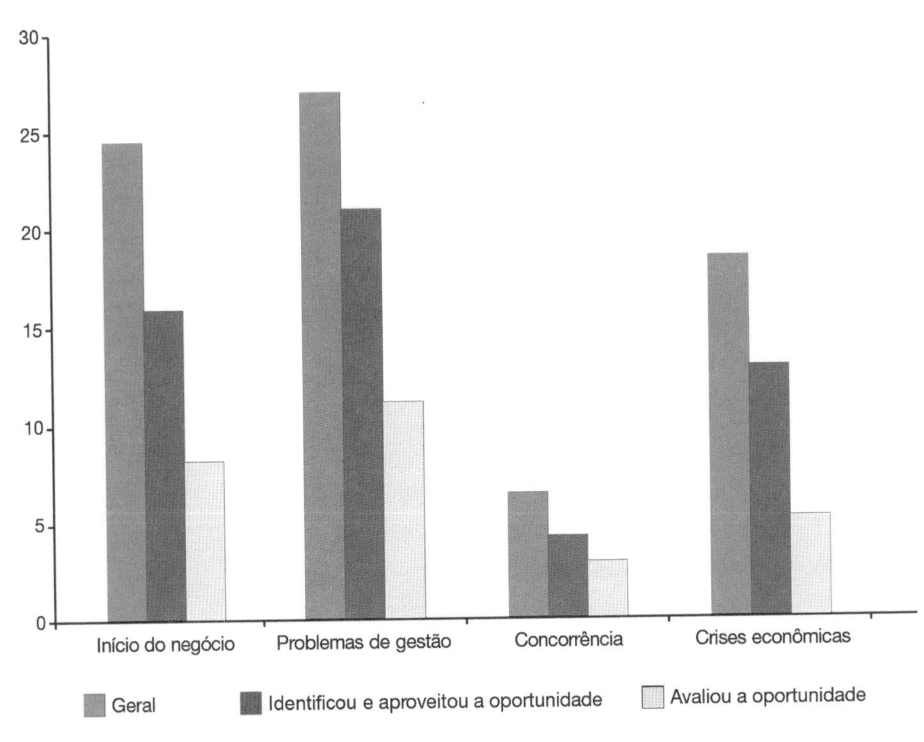

Figura 3.8 - Relação da oportunidade, sua avaliação e os momentos mais críticos.

A representação acima ilustra a relação da oportunidade, sua avaliação e os momentos mais críticos vivenciados pelos empreendedores. Diferentemente do que foi comparado com a variável "Planejamento", esta análise exclui o critério "Conflitos internos", por entender que a oportunidade em si não se relaciona diretamente com conflitos entre sócios e/ou funcionários, mas o planejamento, sim, pode propagar alguma influência, uma vez que se espera que este proponha divisões de tarefas, responsabilidades e diretrizes gerais para tomada de decisão.

As comparações foram estabelecidas considerando-se os resultados gerais dos momentos críticos apontados pelos empreendedores, com os resultados relativos daqueles que identificaram ou avaliaram oportunidades.

O gráfico mostra com nitidez a importância da existência de uma oportunidade e principalmente sua avaliação. Nos casos em que há oportunidade envolvida, o percentual de empreendedores que declara passar por momentos críticos é inferior em todos os critérios. Quando essa oportunidade é avaliada, o número de empreendedores que passa por essas dificuldades é ainda menor.

Dentre os que identificaram oportunidades, 15,95% tiveram problemas críticos no início do negócio, enquanto, entre os que também avaliaram a oportunidade envolvida, apenas 7,7% apontaram este como um momento crítico. Os problemas de gestão foram apontados como o momento mais crítico para 21% dos que identificaram e aproveitaram oportunidades e para 9,5% dos que avaliaram a oportunidade.

Outra diferença importante pode ser notada em relação às crises econômicas, em que 12,9% dos que identificaram e aproveitaram oportunidades apontaram essas crises como o momento mais crítico, frente a 4,7% dos que também avaliaram as oportunidades.

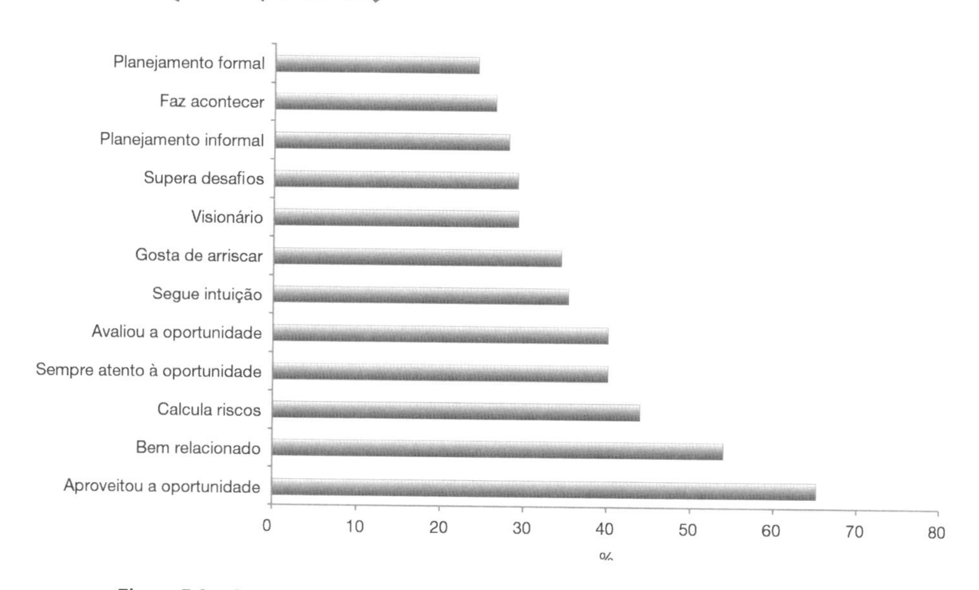

Figura 3.9 - Como agem os empreendedores considerados dedicados ao negócio.

Os empreendedores considerados dedicados ao negócio, na maior parte dos casos, percebem e aproveitam oportunidades (74%), e mais de 50% são bem relacionados. Mais de 40% procuram calcular os riscos envolvidos na atividade e estão sempre atentos a novas oportunidades.

Esses empreendedores seguem sua intuição (34,7%), e cerca de 24% elaboraram um planejamento formal para o negócio. Com relação a fatores pessoais, 27,4% desses empreendedores buscam superar dificuldades e desafios, e 25% são pessoas que "fazem acontecer", colocam suas ideias em prática e buscam resultados.

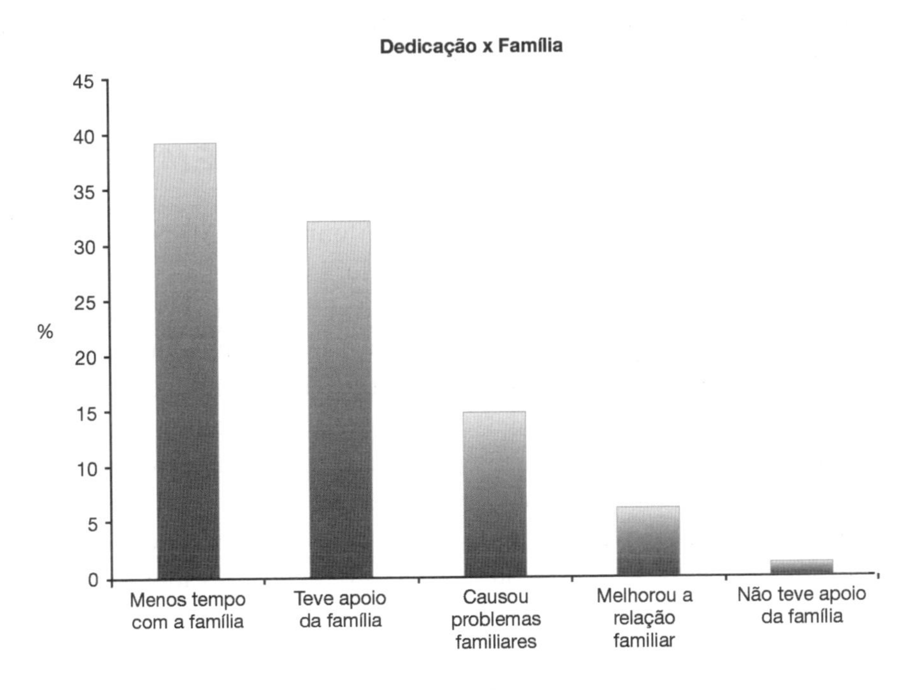

Figura 3.10 - Comparativo entre dedicação ao negócio e o relacionamento familiar.

A representação anterior mostra que, mesmo para os empreendedores que são altamente dedicados e trabalham mais do que o considerado "normal" (acima de oito horas por dia e em finais de semana), há apoio da família em boa parte dos casos. Pouco menos de 2% destes não tiveram apoio de suas famílias. A dedicação ao negócio faz com que mais de 39% destes empreendedores passem a ter menos tempo com a família, e pouco mais de 15% dos entrevistados afirmaram que o trabalho excessivo causou algum tipo de problema familiar.

Comparação com outros estudos

Apresentados os resultados e principais constatações tomadas a partir deste estudo, convém ainda traçar comparações com dados obtidos em outras pesquisas que perseguiram objetivos semelhantes: entender quais são as características comuns aos empreendedores de sucesso. O que se objetiva aqui é levantar o que há de comum nos resultados obtidos por cada uma das linhas de estudo a seguir mencionadas. É importante salientar, todavia, que os procedimentos metodológicos e variáveis analisadas divergem entre esses trabalhos. Isso não impede, porém, que se obtenham conclusões efetivas a partir dessa comparação. Os estudos selecionados para comparação foram os do *Global Entrepreneurship Monitor* e os do Sebrae.

Global Entrepreneurship Monitor (GEM)

Anualmente, o Global Entrepreneurship Monitor (GEM) publica relatórios de mapeamento da atividade empreendedora em diversos países, inclusive no Brasil. Este estudo é liderado pelo Babson College (EUA) e a London Business School (Inglaterra) e busca classificar os empreendedores conforme o perfil pessoal, estágio de seus negócios, motivação para empreender e o potencial de crescimento. Os dados desse mapeamento são obtidos por meio de entrevistas com amostras probabilísticas das populações de indivíduos adultos. Os empreendedores são classificados em iniciais e estabelecidos. Os empreendedores estabelecidos são definidos pelo GEM como aqueles que estão à frente do negócio por mais de 42 meses, ou seja, há pelo menos três anos e meio.

Sebrae

O Sebrae publica periodicamente estudos sobre mortalidade empresarial e suas causas. Do mesmo modo, esses estudos mapeiam o perfil das empresas que sobrevivem nos primeiros anos de atividade, buscando entender quais atributos contribuem para isso. Os estudos do Sebrae levam em consideração as características das empresas regularmente em atividade ou descontinuadas perante o fisco brasileiro.

Tanto os estudos do GEM como os do Sebrae ratificam alguns achados importantes do estudo aqui realizado. A seguir, alguns desses achados são destacados.

Escolaridade

O primeiro ponto em comum entre os estudos refere-se à educação formal dos empreendedores. Os estudos apontam que, quanto maior o nível de educação formal do empreendedor, maiores são as chances de sucesso.

Conhecimento

O conhecimento do setor, ou experiência anterior, também são pontos de convergência dos empreendedores de sucesso. Segundo os dados do Sebrae, a maioria dos empreendedores sobreviventes possui experiência anterior como empregado ou autônomo no mesmo ramo de atividade em que atua. Segundo o GEM, a experiência profissional anterior é a principal fonte de conhecimento e aprendizado para os empreendedores estabelecidos.

Relacionamento

A importância do relacionamento e *networking* ativo é destacada nos estudos do Sebrae, em que a grande maioria dos empreendedores sobreviventes afirma manter contato constante com clientes e parceiros. Já o GEM mostra que muitos empreendedores estabelecidos conhecem pessoalmente alguém que começou um novo negócio. O GEM mostra ainda que os empreendedores estabelecidos receberam orientações de amigos e familiares para seus negócios, apontando, portanto, outra virtude do *networking*.

Oportunidade

A oportunidade é fator-chave para o sucesso, mas não necessariamente o principal motivo para a abertura de um novo negócio. Esta afirmação parece presente não só no estudo aqui realizado, mas também nas pesquisas feitas pelo Sebrae. Na pesquisa de campo aqui realizada, aproximadamente 33% dos entrevistados afirmaram ser a oportunidade o principal fator de influência para iniciarem seus negócios, sendo que 77% dos entrevistados alegaram ter identificado oportunidades de negócio. O GEM mostra que o empreendedorismo por oportunidade já é o que mais predomina no Brasil e sugere ainda que as chances de sobrevivência dos negócios são maiores para aqueles que empreendem orientados por oportunidades.

Planejamento

Os estudos destacam também a importância do planejamento para o sucesso do negócio. A pesquisa com empreendedores mostrou que aproximadamente 65% dos que obtiveram sucesso utilizam algum tipo de planejamento, formal ou informal. As pesquisas do Sebrae evidenciam ainda que um bom planejamento antes da abertura é um dos fatores mais importantes para a sobrevivência das empresas, segundo os próprios empreendedores sobreviventes. O mesmo é ratificado pelos relatórios do GEM.

Risco

Assim como na pesquisa com empreendedores, o apetite por risco do empreendedor brasileiro também é evidenciado nos trabalhos do GEM e do Sebrae. No primeiro, muitos dos empreendedores estabelecidos afirmaram que "o medo de fracassar não impediria que começassem um novo negócio". As pesquisas do Sebrae, por sua vez, destacam que muitos dos empreendedores em atividade assumem "riscos moderados".

Dedicação

O GEM aborda a dedicação como concentração na atividade, constatando que a maioria dos empreendedores estabelecidos dedica-se exclusivamente aos seus negócios, sem atividades paralelas. O Sebrae mostra que a maior parte dos empreendedores sobreviventes considera-se persistente e que se "sacrifica" para atingir os objetivos do negócio.

Origem dos Recursos

O controle familiar do negócio é predominante conforme as outras linhas de estudo. Os dados do Sebrae apontam ainda que a grande maioria dos empreendimentos pesquisados é originada com capital próprio ou familiar. Isso não está diferente do que ocorre em outros países do mundo, segundo dados do GEM.

Considerações finais do capítulo

A pesquisa com empreendedores buscou avaliar na prática diferentes aspectos e características dos homens e mulheres vitoriosos em seus negócios, independentemente do porte de suas empresas. As citações e conselhos extraídos das entrevistas constituem matéria preciosa, pois estão na linguagem de quem vivencia o negócio e isso não se encontra normalmente nos livros que tratam do assunto.

A comparação com diferentes linhas de estudo traz à tona os aspectos relevantes e prioritários para os empreendedores que almejam o sucesso. Apesar de não haver regras ou receitas definitivas para se tornar um empresário bem-sucedido, pesquisas como estas servem como bússola para os empreendedores.

Em verdade, se houvesse fórmula de sucesso, não seriam chamados empreendedores. Empreendedores constroem seu próprio caminho para o que sonham, necessitam, ou desejam. A tentativa deste trabalho é iluminar com conhecimento e experiências o caminho que cada novo empreendedor escolherá trilhar.

Notas

[1] GEM - Global Entrepreneurship Monitor - www.gemconsortium.org.

[2] Estudos sobre a sobrevivência das empresas brasileiras. Sebrae - www.sebrae.com.br.

4

Dicas valiosas de empreendedor para empreendedor

Os "49" conselhos dos empreendedores de sucesso para aqueles que pretendem empreender

Ao final de cada entrevista, os empreendedores foram perguntados sobre quais conselhos dariam às pessoas que estão em fase de planejamento ou implantação de um negócio próprio. Os conselhos de destaque foram selecionados e categorizados, compondo, assim, uma relação de dicas úteis aos empreendedores em início de carreira.

Pode-se notar que os conselhos resumem de certa forma o estudo realizado e exprimem o que sentem e como se comportam os empreendedores de sucesso. As frases a seguir apresentam seus anseios, suas frustrações e a experiência de quem já passou por maus bocados, mas que nem por isso desistiu.

É um bom ponto de partida para quem quer empreender, pois não são frases feitas, com o objetivo de causar impacto (frases de efeito) ou preconcebidas. Foram extraídas no momento de cada entrevista, de bate-pronto, e refletem muito da realidade de todo empreendedor.

Planejamento

1. *"Antes de começar o negócio, pense mais de trinta vezes, repense novamente e monte a coisa na cabeça antes de tomar a decisão final, mas, depois que tomou a decisão, agarre com unhas e dentes e não olhe para trás"*

   (Empreendedor do ramo de Entretenimento).

2. *"Trabalhe muito. Procure saber tudo sobre o negócio no qual você deseja atuar. Planeje. Procure fazer algo com o qual você tenha afinidade, pois as chances de acertar são maiores. Olhe a concorrência e não a subestime. Seja ousado e ouça sua intuição"*

   (Empresário de Consultoria e Administração de Benefícios).

3. *"Deve-se ter, sempre, uma visão de longo prazo. A disposição e a determinação têm que ser permanentes, para se percorrer o caminho até o longo prazo, mesmo que neste caminho sejam encontrados alguns fracassos, que são a causa primeira e indispensável para se obter o sucesso"*

   (Empreendedor do setor de Máquinas e Equipamentos).

4. *"É preciso conhecer a fundo onde a gente está pisando. Estudem, pesquisem, planejem, estudem mais e, depois, trabalhem muito, mas muito mesmo"*

   (Empreendedor do setor de Criação de Animais e Curtume).

5. *"Tenha muito otimismo e se prepare muito bem antes de iniciar o negócio. Avalie bem os seus custos fixos e sempre questione se são realmente necessários"*

   (Empreendedor do ramo de Equipamentos para Informática).

6. *"Estude muito o projeto antes de abrir o próprio negócio; se possível, procure um emprego no ramo para analisar melhor se é isso mesmo que você quer. Mantenha-se sempre atualizado em cursos, palestras e* workshops*"*

   (Empreendedor do ramo de consultoria em Recursos Humanos).

7. *"Quem quer se tornar um empreendedor deve fazer uma análise objetiva e profunda de seu mercado. Quem são os clientes, qual é a concorrência, produtos substitutos e tudo mais que o Porter fala. Elaborar um* business plan *e avaliar a necessidade de investimento. Ter cuidado para não ser muito otimista no* business plan. *Escolher as pessoas certas também é fundamental"*

   (Empreendedor do setor de Cartões Postais Publicitários).

8. *"Para se tornar um grande empreendedor é necessário ter garra e muita força de vontade, colocar a ideia no papel e projetá-la de forma correta e real para que, se encontrar surpresas no caminho, saiba lidar com elas e com seus objetivos, sempre abrindo portas para outros negócios"*

   (Empreendedor do setor de Redes e Internet Corporativa).

9. *"Acredite nos seus ideais e, se tiver condições de planejar e fazer um cronograma de suas atividades para o futuro, isso fará com que não sofra muito antes do tempo"*

   (Empreendedor do setor de Comércio de produtos para Fixação).

Oportunidade

10. *"Eu vejo que os grandes empreendedores eram pessoas descontentes com seu cotidiano e por isto resolveram mudá-lo, além de terem paixão por aquilo que fazem. Além disto, nunca pare, esteja sempre atento às oportunidades. Se você tem uma boa ideia, o dinheiro acaba surgindo de uma maneira ou de outra"*

    (Empreendedor do ramo de Intermediação Comercial de Grãos).

11. *"Orientar-se pelo mercado. É muito fácil o empreendedor se iludir 'inventando uma oportunidade' e se convencendo de que ela existe"*

    (Empreendedor do setor de Embalagens).

12. *"Entendo que, para empreender, além da sorte, da boa oportunidade e da visão, temos que ter a calma suficiente para analisar as questões, delimitar riscos e só então mergulhar de cabeça"*

    (Empreendedor do setor de Construção Civil).

13. *"Você tem de estar preparado e atento para poder aproveitar as oportunidades que aparecem, não se esquecendo de analisar o meio, pois ele muda constantemente e, por fazer parte dele, você não percebe as mudanças"*

    (Empreendedor de Concessionária de Veículos).

14. *"As pessoas que vencem neste mundo são as que procuram as circunstâncias de que precisam e, quando não as encontram, as criam"*

    (Empreendedor do setor de Câmbio e Turismo).

Conhecimento e Gestão

15. *"O trabalho honesto e ético é imprescindível para um empreendedor"*

    (Empreendedor do setor de Análises Clínicas).

16. *"Se tiver uma ideia, coloque-a em prática. Mas faça algo novo, inexistente e diferenciado no mercado e, acima de tudo, para o bem-estar social e com desenvolvimento sustentável"*

    (Empreendedor de Indústria de Brinquedos).

17. *"Surpreenda sempre o cliente, pois é ele que sustenta seu negócio. Conduza o negócio de maneira inteligente!"*

(Empreendedor do ramo de importação e comercialização de magnetos).

18. *"Conheça o mercado. Se não o conhece, consiga antes uma forma de pesquisá-lo e estudá-lo até conhecê-lo"*

(Empreendedor do setor de Artefatos de Borracha).

19. *"Acordar cedo, investir em preparação acadêmica, conhecer outros países e outras culturas, morar no exterior, se possível, ler tudo o que for possível, andar no sentido contrário da grande massa, pensar diferente e ousar, ousar sempre"*

(Empreendedor de Centro de Convivência Universitário).

20. *"O instinto do empreendedor é algo que não pode ser menosprezado jamais; a persistência e o otimismo devem fazer parte do dia a dia e é importante iniciar um negócio com o qual se esteja familiarizado, algo que você conheça e possua a experiência necessária para auxiliar na tomada de decisões"*

(Empreendedor do setor de Assessórios para Condução de Energia).

21. *"Empreender é ser um pouco de tudo: administrador, fazedor, gerenciador, ter visão de longo prazo e principalmente enfrentar as adversidades com coragem, condescendência e determinação para vencer"*

(Empreendedor serial: diversos negócios).

22. *"Ter bons conhecimentos do que está fazendo, pois você só sabe mandar se você souber fazer e gostar do que faz"*

(Empreendedor do setor de Pesquisa de Mercado e de Opinião).

Dedicação e paixão pelo que faz

23. *"É preciso ter disposição para investir tempo e abdicar da vida pessoal pela empresa. É necessário estruturar a empresa em cima de um modelo de negócio. Inovar, revolucionar, apostar em algo diferente. Crie seu segmento de negócio. Não desanime com os riscos de perda. Acredite nas possibilidades de vencer"*

(Empreendedor do ramo de Comércio Eletrônico).

24. *"Conheça claramente as regras do jogo em que você vai atuar, não acumule dívidas, prepare-se para trabalhar como um louco, e não se iluda: se der errado, a culpa foi sua"*

(Empreendedora do setor de cosméticos).

25. *"É preciso acreditar muito no que se faz: persistir, persistir, persistir; manter uma rede de relacionamentos forte, manter o foco"*

(Empreendedora do setor de Comunicação).

26. *"Faça somente aquilo que gosta, independentemente da sobrevivência; se fizer por obrigação, não dá certo"*

(Empreendedor do ramo de Alimentação).

27. *"Além da dedicação, é preciso ser um otimista nato porque há dias em que tudo parece conspirar contra você e você se sente a pessoa mais incompetente do mundo"*

(Empreendedor do setor de Softwares de Gestão).

28. *"Estou hoje aqui por causa de um sonho... Um sonho de vida realizado com a paixão que todo empreendedor deve ter e com a coragem que todos devemos nutrir ao desenvolvermos nossos projetos de vida"*

(Empreendedor do ramo de Educação Superior).

29. *"Primeiramente, gostar do que se faz. Aí então, deve-se pesquisar o mercado, analisar o ponto, a concorrência, buscar um diferencial, avaliar o risco, ter capital, fazer um plano de negócios e ser perseverante!"*

(Empreendedor de Indústria de Perfumes).

30. *"Quando o jogo está difícil, não é momento de desistir; continue jogando até que as coisas melhorem. O sucesso está muito relacionado com o tempo que você se mantém no jogo"*

(Empreendedor do setor de Suprimentos para Impressão de Códigos de Barra).

31. *"Ter paixão, motivação, acreditar em seus sonhos e dedicar-se na implementação e realização de seus negócios"*

(Empreendedor do setor de Sistemas de Informação para Segurança).

32. *"O novo empreendedor tem que ter conhecimento de que ele terá que se dedicar muito mais ao seu negócio do que qualquer outra coisa; portanto, tem que ser algo que realmente goste, e goste muito mesmo!"*

(Empreendedor do setor de Panificação e Confeitos).

33. *"Todo empreendedor deve ser obstinado, apaixonado, desprendido e nunca desistir diante do primeiro obstáculo"*

(Empreendedor do setor de Montagem Mecânica).

Equipe

34. *"Se realmente quer ser um empreendedor, é necessário buscar alternativas. As possíveis e as improváveis. A colaboração de pessoas qualificadas é uma das colunas que suportam o empreendimento"*

(Empreendedor do ramo de Educação).

35. *"Acho importante dividir responsabilidades, opiniões, e se complementar. Ninguém é bom 100% em tudo"*

(Empreendedor do setor de Corretagem de Seguros).

36. *"É preferível trabalhar com uma equipe 'A' e com uma ideia 'B', do que com uma ideia 'A' e uma equipe 'B'"*

(Empreendedor do setor de Biotecnologia).

37. *"Não faça nada sozinho. Procure um sócio. Se não conseguir convencer nenhuma pessoa para 'entrar' com você certamente, você terá problemas. Se não encontrar ninguém para trabalhar com você, como vai encontrar mercado?"*

(Empreendedor do setor de Editoração e Arte).

38. *"A pessoa deve ser ousada, dedicada, aberta a mudanças, se cercar de pessoas melhores que ela própria, focar nos negócios, estar sempre reinvestindo os lucros e principalmente gostar do que faz"*

(Empreendedor do setor de Planos de Saúde).

Recursos e Riscos

39. *"Eu acredito que o sujeito deve sempre procurar utilizar capital próprio, tem que tomar muito cuidado, se sacrificar e suar a camisa, pois quando você se endivida demais e se encontra mergulhado em dificuldades, começa a perder o objetivo, fica desesperado e acaba vendendo o sonho"*

(Empreendedor de Conglomerado Industrial).

40. *"É preciso, antes de mais nada, saber tomar decisões arriscadas e difíceis. Para isso é necessário ter muita determinação e coragem. Para o negócio valer a pena, é preciso se sentir bem com o que faz"*

    (Empreendedor do setor de Entretenimento).

41. *"Ser empreendedor significa ter coragem de execução, não basta apenas ser analista; é preciso atuação de verdade. Tentar é a melhor forma de saber se é possível ou não realizar novas conquistas"*

    (Empreendedor de Indústria Têxtil).

42. *"Ser empreendedor é assumir riscos, mas nenhum empreendedor que se preze assume riscos de forma cega. Se existe um conselho que posso oferecer a qualquer pessoa que deseja ser um empreendedor é ouvir sua intuição e estabelecer um plano (mesmo que informal) para trazer seu sonho para o mundo real. É fundamental dar ouvidos àquela voz interna que anuncia que uma grande oportunidade está próxima e concretizar esse chamado no mundo real o mais rápido possível"*

    (Empreendedor do setor de *Webdesign*).

43. *"É preciso assumir riscos calculados e mergulhar no negócio. Nenhum manual vai te ensinar a evitar todos os problemas. Uma boa preparação e experiência em gestão de operações e gestão de custos são fundamentais"*

    (Empreendedor do setor de Decoração de Embalagens).

44. *"É importante ter uma reserva para se isentar das turbulências do mercado, pois, dessa forma, a família e os custos fixos são cobertos. Essa estratégia de capital me proporcionou uma serenidade para tomar decisões com calma e assertividade"*

    (Empreendedor do setor de Coberturas Sintéticas para Galpões).

45. *"No meu ponto de vista, os empreendedores de sucesso parecem ter entrado no ramo antes mesmo de entrarem de fato... Sugiro que antes de investirem suas economias na abertura de seus próprios negócios, envolvam-se no ramo, frequentem sindicatos ou associações que reúnem empresários do setor pretendido, procurem conversar e manter contato com empresários que já se encontram no ramo de atividade para enxergar de perto as ameaças e oportunidades que enfrentam. Que não abram o negócio por instinto e sim tenham plena ciência dos riscos de*

sucesso e fracasso, bem como estejam bem preparados para vencer as armadilhas do mercado"

(Empreendedor do setor de Projetos de Telecomunicações).

Diversos

46. *"Ser um bom vendedor é a característica principal para um empreendedor. É preciso identificar as próprias potencialidades, ser persistente e fazer o que gosta para ter sucesso em seus projetos"*

    (Empreendedor do setor de Confecção).

47. *"Acredite em você e acima de tudo respeite seus parceiros e seja leal com seus concorrentes. Desta forma, eles serão também com você"*

    (Empreendedor do setor de Frete Marítimo).

48. *"Ser perseverante, ter humildade, conhecer gente do ramo que quer ingressar. Conversar com todo mundo, desde o cortador da grama até o gerente e parceiros. O empreendedor deve estar em todo lugar"*

    (Empreendedor do setor de Entretenimento).

49. *"O* networking *é fator decisivo para o sucesso profissional, para o início e a continuidade do negócio"*

    (Empreendedor do setor de Moldes Automotivos).

Os principais erros dos empreendedores de primeira viagem

A seguir são apresentados os erros mais comuns daqueles que tentam empreender e não conseguem concretizar seus sonhos.

Recursos vêm por último

Se você perguntar a qualquer pessoa que já almejou um dia ter um negócio próprio e não concretizou o sonho qual foi a principal dificuldade que ela encontrou, na maioria dos casos a resposta será: "não tinha os recursos necessários". Porém, não é bem assim... O nosso estudo comprovou que os recursos vêm por último!

Dica: Leia com atenção as afirmações a seguir e reflita sobre o momento mais adequado para se pensar em recursos quando estiver criando um negócio próprio.

a. Os empreendedores de sucesso sabem que os recursos são importantes, mas preocupam-se inicialmente com a formatação da oportunidade e o planejamento do negócio. Só depois partem para a identificação e busca dos recursos.

b. Sem recursos não há negócio, mas de nada adianta montar um negócio com base nos recursos de que se dispõe, pois o caminho está errado.

c. Você não deve olhar quanto possui de recursos e depois buscar ideias/oportunidades que se encaixem no montante disponível. As ideias/oportunidades podem não estar adequadas ao que você realmente gosta e sabe fazer.

d. Primeiro identifique-se com a oportunidade. Tenha certeza de que você e/ou sua equipe dominam o assunto e conhecem o mercado, depois defina estratégias para identificar, buscar e negociar os recursos necessários.

e. Muitos negócios interessantes fracassam quando os empreendedores buscam agilidade em excesso, não se preocupam com as análises mínimas de viabilidade e não se preocupam com o planejamento financeiro do negócio.

Fluxo de caixa

Gerenciar o caixa da empresa deve ser uma das principais habilidades dos empreendedores. Se você não gosta ou não se entende com os números, a primeira coisa a fazer é buscar tal conhecimento.

Existem vários cursos e publicações que poderão lhe ajudar a entender melhor o assunto. Não tenha vergonha de buscar ajuda, afinal, a maioria dos empreendedores passa por este problema.

Veja por que é importante um controle eficiente do caixa:

a. O planejamento financeiro ajudará você a tomar decisões acertadas e antecipar problemas futuros.

b. O fluxo de caixa é a melhor ferramenta para auxiliar o empreendedor a analisar quanto realmente está ganhando e gastando.

c. O fluxo de caixa ajudará você a analisar as melhores alternativas de investimento e financiamento para o negócio.

d. Um dos principais problemas enfrentados pelos empreendedores é a falta de capital de giro. Isso pode ser contornado a partir de um fluxo de caixa bem administrado.

e. O mais importante: se você realmente almeja ver seu negócio crescer e se tornar uma grande empresa, isso só será possível com uma administração adequada do caixa.

Outro equívoco muito comum aos empreendedores é imaginar que o investimento inicial será a única necessidade de recursos do negócio.

Na verdade, todo negócio necessita de um investimento inicial e de recursos adicionais até chegar ao ponto de equilíbrio. O ponto de equilíbrio em dias ou meses varia dependendo do tipo de negócio e do mercado onde se atua.

O importante aqui é o empreendedor basear-se em seu plano de negócios para saber por quanto tempo após o dia da criação da empresa ele deverá continuar a injetar recursos no negócio.

Para ajudar nesta tarefa, é fundamental que o empreendedor desenhe o gráfico de exposição do caixa. Esse gráfico é obtido a partir do fluxo de caixa projetado da empresa. Visualmente ficará mais fácil de entender.

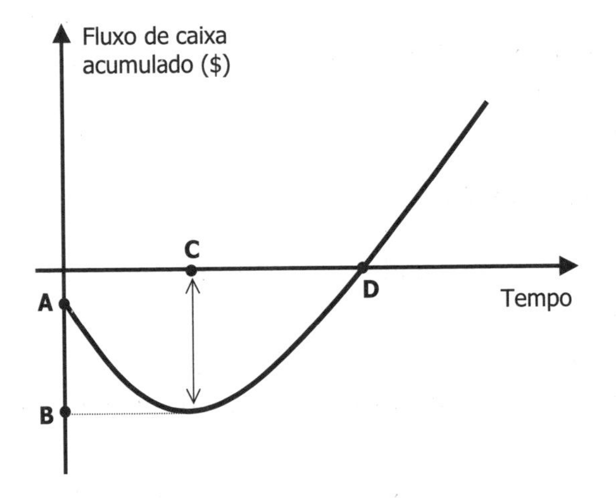

Investimento inicial (ponto A);

Máxima necessidade de investimento, ou maior exposição de caixa (ponto B);

Data do primeiro fluxo de caixa positivo (ponto C);

Quando ocorrerá o retorno do investimento (ponto D).

Figura 4.1 - Exposição do caixa.

Zero – A: Este é o investimento inicial do negócio. O empreendedor deve evitar investir em demasia em ativos fixos, imobilizados, e priorizar a liquidez (manter recursos financeiros para capital de giro e necessidades de curto prazo). Outra dica é sempre guardar uma reserva extra de seus recursos para eventuais necessidades futuras de investimento na empresa. Aliás, é muito comum esta necessidade acontecer! Por isso, ao calcular o total de investimento para começar um negócio, NUNCA coloque todos os recursos próprios logo de início, pois o risco é alto.

A – B: Esta fase é perigosa. Muitos empreendedores imaginam que começarão a ganhar dinheiro logo no primeiro dia da empresa e que em poucos meses tudo estará equilibrado. A verdade e experiência mostram que, nos primeiros meses, geralmente o dinheiro que entra de receita é bem menor que o total de gastos. Assim, o equilíbrio financeiro só ocorrerá quando as vendas forem suficientes para pagarem todos os encargos, impostos, custos e despesas. Esse momento varia dependendo do tipo de negócio, mas dificilmente ocorre antes dos 6 ou 12 primeiros meses. Assim, o empreendedor deverá ter reservas extras para suportar todo este tempo sem lucro. O gráfico mostra que, na verdade, o máximo investimento na empresa será bem maior que o investimento inicial (ponto A), ocorrendo no ponto B.

B – D: Este trecho é o momento de diminuição do estresse. Isso porque o empreendedor começa a perceber que a empresa está tendo receitas crescentes e já suficientes para pagar todas as contas correntes do curto prazo, dando até um certo lucro. Mas, como a soma total de lucro acumulado ainda não é suficiente para recuperar todo o investimento colocado na empresa (ponto B), o negócio ainda não se pagou. Isto ocorrerá apenas no ponto D. A partir do ponto D, a empresa já terá pago todo o investimento e começará finalmente a trazer lucros crescentes ao empreendedor.

Atenção ao ciclo de vendas

A diferença entre vender e ser remunerado pela venda está em quando você receberá e se receberá pelo o que vendeu.

O empreendedor sempre deve levar em consideração que existem clientes maus pagadores e aqueles que, por algum motivo, não terão condições de arcar com a responsabilidade assumida.

Enquanto o problema não se resolve, o caixa da empresa ficará descoberto e poderá trazer ainda mais prejuízos ao negócio.

A dica aqui é incluir no planejamento financeiro do negócio perdas percentuais decorrentes de pagadores duvidosos. Estipule um percentual representativo do seu setor, o qual você saberá ao pesquisar o assunto com empresários que já atuam no ramo.

É comum também que muitos empreendedores não calculem adequadamente como será o ciclo de suas vendas. O que deve ser feito é negociar o pagamento de fornecedores de forma "casada" com a entrada de receita.

Por exemplo, se você negociou a compra de matéria-prima para pagar em 30 dias e fez vendas de produtos para serem pagos pelos clientes em 60 dias, sem entrada, você necessariamente deverá ter recursos em caixa para pagar os fornecedores antes da entrada de receita.

Em muitos casos, quando isto acontece em grandes volumes e quando os clientes atrasam o pagamento ou não pagam, o empreendedor se vê em apuros para cobrir o caixa da empresa.

A primeira ação que vem à mente é pedir socorro junto aos bancos, com um empréstimo para capital de giro. Caso consiga, você pagará um dos maiores juros do mercado!!! E pode estar começando a falência da empresa.

Por isso, é superimportante administrar adequadamente o ciclo de vendas e de compras da empresa. O fluxo de caixa, mais uma vez, será a ferramenta que o ajudará nesta tarefa, bem como um bom planejamento de vendas e de compras.

Foco *versus* diversificação

Todo empreendedor tem um desejo de realização, de fazer sua empresa crescer rapidamente e ter sucesso. Muitos deles são bastante criativos e vivem tendo ideias de novos produtos ou versões de produtos para colocar no mercado.

Por serem curiosos, ao perceberem novas oportunidades, tentarão capitalizar sobre elas rapidamente. Seria ótimo sempre poder fazer isso, mas existem limitações evidentes para as empresas iniciantes.

O dilema de focar *versus* diversificar fica claro ao se analisar uma restrição comum aos negócios em fase inicial de desenvolvimento:

a. No início de qualquer empresa, seus recursos (econômicos, financeiros e humanos) são escassos e não se consegue fazer tudo o que se gostaria.

b. Por isso, no início, FOCO é fundamental.

c. Tenha certeza de estar abordando adequadamente um nicho específico de mercado e não tente "abraçar" o mundo.

d. Depois de a fase inicial ter passado e o modelo de negócio ter se consolidado, aí sim você deve partir para ações de diversificação, introdução de novos produtos no mercado e até entrada em novos mercados. Porém, permita que a empresa cresça de forma estruturada.

Empreendedores não ganham escala

Quando os empreendedores conseguem ter um sucesso inicial nos negócios que criam, há um misto de satisfação com sentimento de dever cumprido.

Além disso, muitas vezes ocorre certa miopia por parte do empreendedor, que, olhando o que tem feito e vangloriando-se de ter construído uma empresa desde o início, imagina que sempre terá competência para tocar o negócio.

Muitos empreendedores são bastante controladores e baseiam-se no sucesso do passado achando que sempre serão bem-sucedidos, já que "o pior já passou".

Os desafios das empresas que crescem rapidamente são inúmeros. Um deles, com o qual todo empreendedor se deparará, é o de delegar as ações para outras pessoas, contratar bons executivos para áreas críticas e não achar que sempre conseguirá, sozinho, dar conta do recado.

Em síntese, empreendedores não ganham escala e devem saber atrair ótimos profissionais de mercado para administrarem o dia a dia de suas empresas, enquanto os fundadores dedicam-se a aspectos mais estratégicos.

Agilidade *versus* controle

Outro dilema bastante comum aos empreendedores é decidir quais são os momentos adequados para ser mais ágil e quando se deve controlar melhor as ações da empresa, organizando e se preparando para tomar decisões.

Não existe uma regra a ser seguida neste caso, mas no início é fundamental que o empreendedor tente ser bastante ágil em detrimento de preciosismos organizacionais.

Conforme a empresa cresce, o modelo de negócio vai se modificando até se consolidar. E, com certeza, o que se pensou no início não se aplicará mais à situação atual, alterando as premissas do plano de negócios.

Veja um caso que exemplifica esse dilema: quando os empreendedores preocupam-se demais em ter a empresa organizada por setores, áreas, divisões etc., logo no início, isso demanda esforço e tempo e com certeza será alterado no futuro bem próximo.

Assim, foque o que é crítico: colocar os produtos no mercado e conseguir as primeiras vendas. Aos poucos o caos passa a ser controlado. Mas cuidado para não ficar eternamente no caos!

Ansiedade por resultados

Como saber se o negócio vai dar certo? Qual é o momento de colher os frutos? Por que os resultados geralmente demoram a aparecer?

São muitas as questões que não saem da cabeça do empreendedor. Algumas dicas são essenciais para os mais ansiosos:

a. A maioria dos negócios não trará resultados no curso prazo (menos de um ano). Lembre-se sempre de analisar o gráfico de exposição de caixa e assim entenderá melhor a dinâmica dos negócios.

b. Os negócios têm um ciclo de vida natural que deve ser respeitado. Às vezes, tentar acelerar o rumo natural das coisas pode ser mais prejudicial que benéfico. O exemplo aqui é a expansão rápida e sem controle. A queda também poderá ser rápida.

c. Dê tempo para a empresa se consolidar e mantenha o otimismo.

d. Não confunda otimismo com miopia. Quando as coisas estão evoluindo aquém das expectativas por um longo período, talvez seja melhor antecipar o fim do que permanecer insistindo no erro. Um exemplo é o que ocorre quando nenhuma projeção mostra dados convincentes, e, mesmo assim, o empreendedor insiste em injetar mais recursos na empresa. Além de não resolver o problema, estará diminuindo seu patrimônio pessoal.

Entendimento do processo empreendedor

Lembre-se de que o processo empreendedor trata apenas de parte do desenvolvimento de um novo negócio.

Uma administração empreendedora será sempre importante para o sucesso de qualquer organização em TODOS os estágios de seu desenvolvimento. Por isso, utilize os conceitos aqui expostos não só quando criar uma empresa, mas também quando estiver administrando uma.

Como recomendação adicional, deixamos uma frase que talvez exemplifique toda a razão de ser do empreendedor, esse sujeito diferenciado, que busca realizar seus sonhos, afinal,

"A vida é uma oportunidade de ousar".

Um resumo: aspectos fundamentais para o sucesso empreendedor

Observando os empreendedores de sucesso analisados neste estudo, alguns aspectos de comportamento e gestão são bastante comuns neste grupo de pessoas especiais. Veja alguns exemplos:

Foco

É essencial manter o foco no início do negócio, não se dispersar e identificar um nicho de mercado para atuar. Com o tempo, após experiência e conhecimento do mercado, deve-se diversificar para crescer e conquistar novos clientes. Muitos empreendedores, como são ótimos identificadores de oportunidades, acabam querendo fazer tudo ao mesmo tempo e atuar em várias frentes diferentes desde o início. Isso pode comprometer o desenvolvimento da empresa, já que, no início, os recursos são poucos, a equipe é pequena e não se consegue escalabilidade facilmente.

Montar uma equipe complementar e comprometida com o negócio

Empreendedorismo, antes de mais nada, está relacionado com realização e trabalho em equipe. Engana-se o empreendedor que acredita que vai crescer rapidamente sem sócios ou parceiros. É fundamental que o empreendedor escolha os melhores sócios para o negócio, pois serão as pessoas que o ajudarão no momento do crescimento do negócio. Para isso, a dica é identificar nas pessoas parceiras e/ou sócios habilidades que você não tem e que são essenciais para o seu negócio.

Saber a hora de profissionalizar e delegar

Existe um mito o qual diz que empreendedores não ganham escala, ou seja, concentram demais as decisões para si e controlam todas as ações da empresa.

No momento de crescimento da empresa, isso pode prejudicar em demasia e até levar ao fechamento do negócio. É superimportante saber o momento de trazer pessoas/executivos de mercado que entendam de administração e que ajudarão na expansão do negócio. Nem sempre o criador da empresa é o melhor executivo para fazê-la crescer.

Otimizar os recursos disponíveis

É raro um negócio começar com todos os recursos que o empreendedor deseja em mãos. Assim sendo, desde o início, deve-se negociar de tudo com todos, otimizar ao máximo possível os recursos e evitar imobilizar o capital financeiro da empresa. Isso porque será essencial poder acessar algumas reservas em momentos de crise. E sempre haverá momentos de crise. O empreendedor tem que resistir à tentação de construir rapidamente a sede própria, comprar os carros zero da empresa etc., pois isso imobiliza o capital e diminui o capital de giro, levando o empreendedor a empréstimos em bancos... Moral da história: uma das maiores taxas de juros cobradas pelos bancos é justamente para empréstimo de capital de giro!

Identificar boas fontes de investimento e financiamento

É sempre importante monitorar o que acontece no mercado em termos de oportunidades de acesso a capital, mesmo que você não esteja precisando no momento. Bancos comerciais, investidores e agências públicas de fomento sempre estão lançando novos programas e editais, principalmente voltados para negócios inovadores. Através destes editais, consegue-se inclusive investimento de risco e não reembolsável.

Participar das entidades de classe e tornar-se conhecido em seu setor

Networking é essencial e, se o empreendedor não se mostrar, ninguém vai conhecê-lo. Muitos negócios/contratos são iniciados em feiras, eventos, seminários etc. O empreendedor não pode se esconder achando que o cliente chegará até ele.

5

A decisão de tornar-se empreendedor

É sempre fascinante ouvir e ler histórias empreendedoras. Mais fascinante ainda é poder vivenciar e ser protagonista destas histórias. Se você já faz parte do grupo que se sente tocado quando conhece um empreendedor de sucesso e os caminhos que percorreu para atingir este objetivo, falta agora fazer parte do segundo grupo, o composto por aqueles que fazem acontecer.

Não se trata de uma obrigação para ser bem-sucedido, mas de uma opção. Caso escolha a opção de se juntar ao grupo dos que se distinguem da maioria, nos Anexos há um conjunto de testes para você fazer uma autoavaliação do seu perfil e potencial como empreendedor.

Mas não basta ficar apenas nos testes. Se seu projeto ou objetivo de vida contempla um negócio próprio, espero que as informações aqui apresentadas tenham sido úteis para contribuir para vencer este desafio. Porém, você precisará elaborar um planejamento adequado, calculando os riscos e alocando adequadamente os recursos em cada fase do negócio. Para auxiliá-lo também nesse esforço, o *site* www.josedornelas.com.br está repleto de informação e cursos de planejamento e criação de negócios.

Lembre-se ainda que, apesar de fascinante, a jornada empreendedora é cheia de imprevistos. É comum os empreendedores aparentarem um domínio da situação e não esmorecerem nunca, mas, em muitos casos, trata-se apenas de aparência. O empreendedor acaba por se tornar uma pessoa solitária, com muita responsabilidade, que só aumenta quando a empresa cresce.

Não se esqueça de analisar o lado ruim de ser empreendedor. Apesar da autonomia e a sensação de sempre ser o dono das decisões e de fazer os próprios horários, o empreendedor, em muitos casos, acaba por ser um escravo do trabalho. Equilibrar a vida pessoal e familiar com a atividade empreendedora é um desafio contemporâneo para aqueles que empreendem. Pense nisso antes de partir para a jornada empreendedora. Analise os prós e contras, compartilhe seus objetivos, anseios e temores com as pessoas que você confia e com as quais pretende construir um futuro diferente. A família é a base para muitos empreendedores, principalmente nos momentos de maiores dificuldades.

Além disso, procure eleger um conselheiro pessoal, uma pessoa mais experiente, que já tenha passado por vários desafios e dilemas na vida e que concorde em lhe escutar periodicamente, principalmente nos momentos de grandes desafios, antes de uma importante decisão ser tomada, ou mesmo na hora das dificuldades na gestão do negócio. Como eu disse, o empreendedor geralmente é uma pessoa solitária (mesmo aqueles que trabalham em equipe), então é importante encontrar um divã com um bom conselheiro para lhe dar suporte.

Nos capítulos anteriores você entrou em contato com o que pensa e como age o empreendedor de sucesso. Nos anexos e no *site* www.josedornelas.com.br você encontrará muita informação para auxiliá-lo no desafio de empreender. Mas a decisão só dependerá de você. Se for esta a sua escolha, espero sinceramente que você busque fazer algo especial, que lhe traga uma sensação de orgulho, de satisfação, de realização.

O importante em empreender é a sensação de contribuir de alguma forma para evolução das pessoas, do local onde você vive, de fazer parte da história como protagonista. Se este é seu anseio, vá em frente. Depois, compartilhe comigo sua história para, quem sabe, fazer parte de uma nova coletânea de casos de sucesso que, de alguma forma, se inspiraram na leitura deste material. Aguardo seu contato, com seu caso, no meu *site* www.josedornelas.com.br.

Agora é com você!

Anexos

Testes de perfil e desenvolvimento de habilidades empreendedoras

No *site* www.josedornelas.com.br você encontra um conjunto de materiais, cursos, vídeos, testes, jogos etc. para desenvolver suas habilidades empreendedoras e que complementam os testes apresentados a seguir.

Teste 1 – Autoavaliação de perfil empreendedor (ambiente, atitudes e *know-how*)

1) Atribua à sua pessoa uma nota de 1 a 5 para cada uma das características a seguir e escreva a nota na última coluna.
2) Some as notas obtidas para todas as características.
3) Analise seu resultado global com base nas explicações ao final.
4) Destaque seus principais pontos fortes e pontos fracos.
5) Quais dos pontos fortes destacados são mais importantes para o desempenho de suas atribuições atuais no seu trabalho?
6) Quais dos pontos fracos destacados deveriam ser trabalhados para que o seu desempenho no trabalho seja melhorado? É possível melhorá-los?

Características	Excelente	Bom	Regular	Fraco	Insuficiente	
	5	4	3	2	1	Nota
Comprometimento e determinação						
1. Proatividade na tomada de decisão						
2. Tenacidade, obstinação						

Características	Excelente	Bom	Regular	Fraco	Insuficiente	
	5	4	3	2	1	Nota
3. Disciplina, dedicação						
4. Persistência em resolver problemas						
5. Disposição ao sacrifício para atingir metas						
6. Imersão total nas atividades que desenvolve						
Obsessão pelas oportunidades						
7. Procura ter conhecimento profundo das necessidades dos clientes						
8. É dirigido pelo mercado (*market driven*)						
9. Obsessão em criar valor e satisfazer os clientes						
Tolerância ao risco, ambiguidade e incertezas						
10. Toma riscos calculados (analisa tudo antes de agir)						
11. Procura minimizar os riscos						
12. Tolerância às incertezas e falta de estrutura						
13. Tolerância ao *stress* e conflitos						
14. Hábil em resolver problemas e integrar soluções						
Criatividade, autoconfiança e habilidade de adaptação						
15. Não convencional, cabeça aberta, pensador						
16. Não se conforma com o *status quo*						
17. Hábil em se adaptar a novas situações						
18. Não tem medo de falhar						
19. Hábil em definir conceitos e detalhar ideias						
Motivação e superação						
20. Orientação a metas e resultados						
21. Dirigido pela necessidade de crescer e atingir melhores resultados						

Características	Excelente 5	Bom 4	Regular 3	Fraco 2	Insuficiente 1	Nota
22. Não se preocupa com *status* e poder						
23. Autoconfiança						
24. Ciente de suas fraquezas e forças						
25. Tem senso de humor e procura estar animado						
Liderança						
26. Tem iniciativa						
27. Poder de autocontrole						
28. Transmite integridade e confiabilidade						
29. É paciente e sabe ouvir						
30. Sabe construir times e trabalhar em equipe						
TOTAL						

Analise seu desempenho:

120 a 150 pontos: Você provavelmente já é um empreendedor, possui as características comuns aos empreendedores e tem tudo para se diferenciar em sua organização.

90 a 119 pontos: Você possui muitas características empreendedoras e às vezes se comporta como um, porém pode melhorar ainda mais se equilibrar os pontos ainda fracos com os pontos já fortes.

60 a 89 pontos: Você ainda não é muito empreendedor e provavelmente se comporta, na maior parte do tempo, como um administrador e não um "fazedor". Para se diferenciar e começar a praticar atitudes empreendedoras, procure analisar os seus principais pontos fracos e definir estratégias pessoais para eliminá-los.

Menos de 59 pontos: Você não é empreendedor e, se continuar a agir como age, dificilmente será um. Isso não significa que você não tem qualidades, apenas que prefere seguir a ser seguido. Se seu anseio é ser reconhecido como empreendedor, reavalie sua carreira e seus objetivos pessoais, bem como suas ações para concretizar tais objetivos.

Principais pontos fortes	**Principais pontos fracos**
-	-
-	-
-	-
-	-
-	-
-	-
-	-
-	-
-	-
-	-
-	-
-	-
-	-
-	-
-	-

Definição de estratégia a seguir:

Resultados desejados e prazo para alcançá-los:

Teste 2 – Autoavaliação de perfil empreendedor (habilidades gerenciais)

1. Atribua à sua pessoa uma nota de 1 a 5 para cada uma das competências a seguir.
2. Defina qual é a importância de cada competência para sua empresa (relativa à sua função/cargo e não ao fato de ser o provável dono), atribuindo também notas de 1 a 5.
3. Calcule a diferença entre as duas notas para cada competência.
4. Selecione com um círculo as competências de maior importância para sua empresa.
5. Para as competências selecionadas, destaque as que obtiveram as maiores diferenças nos cálculos.
6. Estas são as competências que você deverá priorizar, buscando aperfeiçoá-las para obter melhores resultados dentro de sua empresa. Assim, defina estratégias para atingir este objetivo. Uma alternativa é compor sua equipe com pessoas que possuam pontos fortes que complementem o seu perfil, ou seja, em áreas nas quais você tem pontos fracos.

Competências Gerenciais	Sua avaliação					Importância para sua empresa					Diferença (*gap*)
	Excelente	Bom	Regular	Fraco	Insuficiente	Extrema	Muita	Razoável	Pouca	Nenhuma	Nota
	5	4	3	2	1	5	4	3	2	1	
Marketing											
1. Avaliação e pesquisa de mercado											
2. Planejamento de marketing											
3. Estabelecimento de preços dos produtos											
4. Gerenciamento de vendas											
5. Venda por catálogo/mala direta											
6. Telemarketing											

Competências Gerenciais	Sua avaliação					Importância para sua empresa					Diferença (*gap*)
	Excelente	Bom	Regular	Fraco	Insuficiente	Extrema	Muita	Razoável	Pouca	Nenhuma	Nota
	5	4	3	2	1	5	4	3	2	1	
7. Serviço ao consumidor											
8. Gerenciamento de distribuição											
9. Planejamento de novos produtos											
10. Venda direta											
Operações/Produção											
11. Gerenciamento da manufatura											
12. Controle de estoques											
13. Controle e análise de custos											
14. Controle de qualidade											
15. Planejamento de produção											
16. Compras de matérias-primas											
Finanças											
17. Contabilidade											
18. Orçamentos											
19. Gerenciamento de fluxo de caixa											
20. Gerenciamento de contas a pagar e receber											
21. Gerenciamento das relações com fontes de financiamento											
22. Negociações para obtenção de recursos financeiros											
Administração											
23. Resolução de problemas											
24. Comunicação											
25. Planejamento											
26. Tomada de decisão											

Competências Gerenciais	Sua avaliação					Importância para sua empresa					Diferença (*gap*)
	Excelente	Bom	Regular	Fraco	Insuficiente	Extrema	Muita	Razoável	Pouca	Nenhuma	Nota
	5	4	3	2	1	5	4	3	2	1	
27. Gerenciamento de projetos											
28. Negociação											
29. Administração de pessoal											
30. Sistema de informação gerencial											
Relacionamento interpessoal/equipes											
31. Liderança, visão, influência											
32. Ajuda e *coaching*											
33. *Feedback*											
34. Gerenciamento de conflitos											
35. Gerenciamento de pessoas											
36. Trabalho em equipe											
37. Construção de equipes de trabalho											
Aspectos legais											
38. Contratos											
39. Impostos											
40. Seguros											
41. Patentes e propriedade intelectual											
Habilidades específicas											
42.											
43.											
44.											
45.											

Competências que devem ser melhoradas	Estratégias de curto/médio prazo para melhorá-las
-	-
-	-
-	-
-	-
-	-
-	-
-	-
-	-
-	-
-	-
-	-
-	-
-	-
-	-
-	-

Teste 3 – Autoavaliação das habilidades empreendedoras

Para cada questão, faça um círculo na resposta mais adequada às suas crenças ou ações, mesmo que aparentemente não tenham algo em comum com o que você faz/gosta de fazer. Esteja certo de selecionar aquela que você acredita ser a mais verdadeira, em vez de a que você gostaria que fosse verdade. Mais uma vez, cabe frisar que não existem respostas certas ou erradas e a ideia aqui é avaliar como você observa seu ambiente atual... **Seja rápido, não pondere!!!**

1. **Eu acredito que as pessoas que conheço e que são bem-sucedidas nos negócios:**
   a. têm bons contatos
   b. são mais habilidosas/espertas que eu
   c. são parecidas comigo, mas talvez trabalhem mais arduamente

2. **Eu gosto:**
   a. de ser fiel aos meus amigos e colegas
   b. de ser muito sistemático em meu trabalho
   c. de fazer o meu melhor em qualquer trabalho que eu assumo

3. **Se eu chego em casa para descansar e ter uma noite relaxante e descubro que a pia da cozinha está com um vazamento:**
   a. eu estudo o guia de "faça você mesmo" para ver se consigo consertar o problema
   b. eu convenço um amigo a consertar a pia para mim
   c. eu ligo para um encanador

4. **Em relação aos valores individuais, eu sinto que:**
   a. a maioria das pessoas recebe o respeito que merece
   b. o valor individual das pessoas passa despercebido independentemente de quanto as pessoas trabalhem
   c. os outros são quem determinam de forma significante o valor de uma pessoa

5. **Meu objetivo na vida é:**
   a. fazer uma grande quantidade de realizações bem-sucedidas
   b. servir ao meu país
   c. atingir um alto *status* na sociedade

6. **Se eu tivesse uma noite livre, eu iria:**
   a. assistir a um programa de TV
   b. visitar um amigo
   c. praticar um *hobby*

7. **Se um funcionário que é meu amigo não estivesse fazendo seu trabalho corretamente:**
   a. eu o convidaria para um *drink*, falaria genericamente que as coisas não estavam indo bem e esperaria que ele captasse a mensagem
   b. eu não interferiria e teria esperança que ele se acertasse
   c. eu daria a ele um forte aviso e o demitiria se ele não se acertasse

8. **Eu acho:**
   a. que é difícil saber se uma pessoa gosta ou não de você
   b. que o número de amigos que tenho depende de quão legal eu sou
   c. que desenvolver relacionamentos duradouros é geralmente perda de tempo

9. **Em meus sonhos diários, eu apareço geralmente como:**
   a. um milionário em um iate
   b. um detetive que resolveu um caso difícil
   c. um político discursando para comemorar uma vitória

10. **Eu prefiro jogar:**
    a. Banco imobiliário
    b. Roleta russa
    c. Bingo

11. Eu frequentemente desejo ser:

a. um trabalhador solitário que ajuda os pobres
b. bem-sucedido fazendo algo significante
c. um verdadeiro devoto de Deus

12. Eu acho que por prazer e felicidade as pessoas devem:

a. fazer caridades
b. conseguir as básicas amenidades da vida
c. enfatizar as realizações das pessoas

13. Eu frequentemente desejo:

a. ser um realizador social popular
b. ser um grande líder político
c. fazer algo de grande significância

14. As coisas ruins que nos acontecem são:

a. o resultado de falta de habilidade, ignorância, preguiça ou todas as três
b. balanceadas por coisas boas
c. inevitáveis, e devem ser aceitas como são

15. Para fazer exercícios físicos, eu prefiro:

a. entrar em um clube/academia
b. participar de um time/equipe da vizinhança
c. fazer caminhada no meu ritmo

16. Quando convidado para trabalhar com outros em um grupo, eu aceitaria com muito prazer:

a. outras pessoas que venham com boas ideias
b. cooperar com outros
c. tentar encontrar outras pessoas para fazer o que eu quero

17. Se meu chefe me pedisse para assumir um projeto decadente, eu:

a. o assumiria
b. não assumiria se já estivesse cheio de trabalho
c. daria a ele uma resposta em poucos dias após levantar mais informações

18. Para eu ser bem-sucedido, eu preciso:

a. dar um jeito de estar no lugar certo, na hora certa
b. estar atento para influenciar os outros a fazerem as coisas como eu desejo
c. trabalhar arduamente, porque não tem como lidar ou esperar pela sorte

19. Em qualquer trabalho que assumo:

a. eu gosto de fazer planos avançados
b. eu gosto de fazer o meu melhor
c. eu gosto de assumir total responsabilidade

20. Eu sou mais feliz quando:

a. estou fazendo os outros felizes
b. sou bem-sucedido em meu trabalho
c. sou o centro das atenções dos outros

21. Na escola, eu preferia escolher cursos com ênfase em:

a. trabalhos práticos
b. em artigos, pesquisa, leitura
c. provas, exames, testes

22. Ao comprar um refrigerador, eu:

a. escolheria uma marca conhecida e tradicional
b. perguntaria aos meus amigos o que eles compraram
c. compararia as vantagens de diferentes marcas

23. Eu acho que:

a. o mundo é tocado por poucas pessoas com poder e não há muito que os pequenos possam fazer
b. o cidadão mediano pode ter uma influência nas decisões do governo ou dos que detêm o poder
c. as decisões do governo e dos que detêm o poder são baseadas apenas no que é correto para a maioria

24. Eu preferiria:

a. comprar um bilhete de loteria
b. apostar em um jogo de futebol
c. jogar uma partida de truco

25. Quando me encontro envolvido em situações complicadas:

a. procuro ajuda de outros que estão mais bem preparados para lidar com a situação
b. me retiro da situação
c. cuidadosamente avalio a situação e busco respostas razoáveis

26. Meu relacionamento com os outros é reforçado quando:

a. as outras pessoas têm os mesmos objetivos que eu tenho
b. eu posso influenciar os outros para alcançar meus objetivos
c. as outras pessoas têm objetivos que não conflitem com os meus

27. Se estou em viagem de negócios com horário marcado para uma reunião e meu voo atrasa, pousando em uma cidade vizinha:

a. eu alugo um carro e tento chegar ao destino final
b. aguardo o próximo voo
c. reagendo a reunião

28. Em relação à minha vida:

a. eu às vezes não tenho controle suficiente sobre o rumo que está tomando
b. meus pais sempre terão controle sobre minhas principais decisões
c. o que acontece comigo é devido a mim mesmo

29. No passado eu estabeleci metas que requeriam:

a. um tempo exorbitante e um esforço tremendo para serem atingíveis
b. um alto nível de *performance*, mas metas atingíveis
c. um esforço mínimo para serem atingidas

30. Eu prefiro colegas de trabalho que:

a. são capazes de se adaptar ou mudar
b. lutam por aquilo que acreditam ser correto
c. são inexpressivos e altamente susceptíveis a sugestões

31. Ao fazer exames/testes no colégio, eu descobri:

a. que se os estudantes estão bem preparados, dificilmente um teste é injusto
b. estudar é geralmente inútil porque as questões dos exames geralmente não são relacionadas ao conteúdo do curso
c. os exames são injustos para todos os estudantes

32. Eu topo jogar cartas quando:

a. jogo com bons amigos
b. jogo com pessoas que me desafiam
c. jogo por altas apostas

33. Supondo que eu tivesse um pequeno negócio de limpeza, quando um amigo e concorrente meu morre subitamente:

a. eu garanto à sua esposa que eu nunca tentarei pegar seus clientes
b. eu ofereço o suporte necessário até que a empresa de meu ex-concorrente se recupere
c. vou até o escritório do meu ex-concorrente e faço uma proposta para comprar a empresa deles

34. Quando trabalhando em grupo:

a. eu tendo a influenciar pessoalmente os resultados
b. eu me sinto inibido pelos outros e faço os outros atingirem os resultados
c. eu trabalho arduamente para ajudar os líderes do grupo

35. Como membro do comitê de um novo projeto, se me deparo com uma grande falha, minha reação é:

a. encontrar e responsabilizar outros membros devido a sua participação no projeto
b. assumir minha parte no problema e dar continuidade ao projeto
c. tentar justificar as falhas com pensamentos positivos

Pontuação - Atribua 1 (um) ponto para cada resposta sua que corresponda às respostas da tabela a seguir

1c	11b	21a	31a
2c	12c	22c	32b
3a	13c	23b	33c
4a	14a	24c	34a
5a	15c	25c	35b
6c	16c	26b	
7a	17c	27a	
8b	18c	28c	
9b	19b	29b	
10a	20b	30a	

Autoavaliação das habilidades empreendedoras

Motivação para a realização

Questões 2, 5, 11, 12, 13, 19, 20

(baixo) 1 2 3 4 5 6 7 (alto)

Autocontrole

Questões 4, 8, 14, 18, 23, 28, 31

(externo) 1 2 3 4 5 6 7 (interno)

Propensão a assumir riscos

Questões 7, 10, 17, 22, 24, 29, 35

(baixo) 1 2 3 4 5 6 7 (alto)

Resolução de problemas

Questões 3, 6, 9, 15, 21, 25, 27

(baixo) 1 2 3 4 5 6 7 (alto)

Influenciador

Questões 1, 16, 26, 30, 32, 33, 34

(baixo) 1 2 3 4 5 6 7 (alto)

Explicação das categorias de autoavaliação do potencial empreendedor

Motivação para a realização

Um desejo de fazer acontecer, de atingir um alto padrão de realização/cumprimento de objetivos.

Autocontrole (do destino)

Sentimento de influenciar o curso dos eventos da sua vida. O destino é definido mais por algo interno à pessoa do que devido a fatores externos.

Propensão a assumir riscos

Tomar riscos calculados e buscar informações antes de agir. Desejo de ser responsável pelas ações.

Resolução de problemas

Alguém que sabe resolver problemas de forma realista e toca uma operação/negócio sem necessitar de muita ajuda dos outros.

Influenciador

Aquele que encontra pessoas que o ajudam a satisfazer seus próprios objetivos. Sabe convencer as pessoas a trabalharem para a realização de um objetivo estipulado por ele.

Teste 4 - Quão criativo você é?

Selecione, para cada item, a frequência com que cada um lhe ocorre.

A. Minha personalidade	Sempre	Frequentemente	Às vezes	Raramente	Nunca	PONTOS
1. Eu sinto falta de autoconfiança						
2. Eu valorizo a crítica (ato de criticar)						
3. Eu tenho medo de ser diferente dos outros						
4. Meus pais me encorajaram a ser criativo						
5. Eu fico desconfortável com a ambiguidade						
6. Eu gosto de novas faces, novos lugares						
7. Eu tenho uma forte necessidade de organização em minha vida						
8. Eu acredito que vale a pena sonhar acordado						
9. Eu não me sinto à vontade com as pessoas que mostram seus sentimentos						
10. Eu gosto de dramatizar, criar um pano de fundo para certas apresentações						
11. Eu atinjo melhores resultados quando sigo procedimentos						
12. Eu deixo meus sentimentos me guiarem						
13. Eu gosto de ser conhecido como alguém dependente						
14. Eu gosto de estar com pessoas de mente aberta, que pensam livremente, sem restrições						
15. Eu sou mais reativo que proativo						
16. Eu gosto de olhar ao longe, no horizonte, pra frente						
				TOTAL:		

B. Meu estilo de resolver problemas	Sempre	Frequentemente	Às vezes	Raramente	Nunca	PONTOS
1. Quando encaro um problema, vou direto às conclusões						
2. Quando surge um problema, eu sou analítico e objetivo						
3. É necessário ter todos os fatos para tomar uma decisão						
4. Um sentimento interno de coragem é algo que me ajuda						
5. Eu me baseio no meu conhecimento passado de problemas similares						
6. Eu odeio trabalhar com detalhes						
7. Um trabalho concluído é o segredo do sucesso						
8. Figuras/gráficos e estatísticas me dão uma ideia parcial do problema						
9. Os problemas deveriam ser resolvidos da mesma forma						
10. Eu sou visto como alguém que resolve problemas de forma original						
11. Eu tenho dificuldade em definir os problemas						
12. Eu uso técnicas disciplinadas de resolução de problemas						
13. Eu entro em depressão se um problema parece muito difícil						
14. Quando outros não tomam uma decisão, eu tomo (se eu puder)						
15. Eu gosto de ler as instruções antes de começar algo novo						
16. Eu acho que o processo de tomada de decisão é algo criativo						
			TOTAL:			

C. Meu ambiente de trabalho	Sempre	Frequentemente	Às vezes	Raramente	Nunca	PONTOS
1. As pessoas de minha organização pensam que o estilo delas é o melhor						
2. Onde eu trabalho, a criatividade é considerada chave para a sobrevivência						
3. Meus limites de autoridade estão precisamente definidos						
4. Qualquer ideia interessante, de qualquer lugar, é aceita aqui						
5. O tempo para pensar de forma criativa é limitado nesta organização						
6. A competição entre os empregados/ departamentos é vista como saudável						
7. Eu descreveria minha organização como tendo um ambiente confortável e cooperativo						
8. Dentro da organização, eu gosto de identificar problemas						
9. Onde eu trabalho, se eu sou criativo, eu sou um sonhador						
10. Dentro desta organização as pessoas têm espaço...						
11. Os procedimentos organizacionais matam as ideias						
12. Eu posso conversar abertamente sobre minhas ideias sem que elas sejam roubadas						
13. Eu serei barrado de sugerir novas soluções						
14. Onde eu trabalho, boas ideias podem ser "vendidas" independentemente dos resultados esperados						
15. Novas ideias devem ser justificadas com muitas análises						
16. A inovação é encorajada dentro dessa organização						
					TOTAL:	

Pontuação do teste de criatividade

1. Atribua pontos a cada uma de suas respostas escrevendo um número na coluna correspondente, seguindo a seguinte regra:

- Todas as questões ÍMPARES (1, 3, 5, 7, 9 etc.) devem ser pontuadas de acordo com:

Nunca	= 5 pontos
Raramente	= 4 pontos
Às vezes	= 3 pontos
Frequentemente	= 2 pontos
Sempre	= 1 ponto

- Todas as questões PARES (2, 4, 6, 8 etc.) devem ser pontuadas de acordo com:

Sempre	= 5 pontos
Frequentemente	= 4 pontos
Às vezes	= 3 pontos
Raramente	= 2 pontos
Nunca	= 1 ponto

2. Depois, some os pontos para cada uma das três seções.
3. Finalmente, faça a soma final dos pontos totais das seções (A + B + C) para descobrir seu potencial criativo.
4. Confira o significado de suas pontuações.

Qual é o significado da pontuação obtida?

Personalidade

16-37

Você está abafando seu potencial criativo devido a algum sentimento sobre si mesmo; você ficará surpreso do quanto ele será renovado uma vez que se permitir ser criativo.

38-59

Você tem muito potencial dentro de si, mas características de sua personalidade estão lhe impedindo de se expressar. Você precisa trabalhar técnicas de relaxamento e se perguntar: "o que eu tenho a perder?".

60-80

Sua personalidade o predispõe a ser uma pessoa altamente criativa e você será um valioso recurso aos outros, dentro do processo criativo.

Estilo de resolução de problemas

16-37

Seu estilo de resolver problemas tende a ser o de "seguir regras", faltando-lhe criatividade. Pratique relaxamento, esqueça algumas "regras" e abra sua mente para novas ideias e métodos.

38-59

Sua abordagem de resolução de problemas é às vezes muito rígida e pode resultar em decisões não criativas que se baseiam demais em soluções passadas de problemas similares. Tente se soltar e descobrir seu potencial criativo.

60-80

Você tem um estilo aberto e criativo de resolver problemas, com muito a oferecer aos outros. Você deveria tirar vantagem de cada oportunidade que lhe aparece para criar um espírito de questionamento e aventura em torno de si.

Seu ambiente de trabalho

16-37

Seu ambiente de trabalho não encoraja o pensamento criativo. Olhe seus pontos das seções A e B. Se eles forem altos, você está certo de se sentir frustrado. O que fará a respeito?

38-59

Às vezes é difícil ser criativo dentro do ambiente de trabalho. Se você tem uma alta pontuação para as seções A e B, então use seu potencial para mudar o ambiente. Se não, talvez você se adapte facilmente...

60-80

Você trabalha dentro de um ambiente ideal para uma pessoa criativa. Entretanto, se sua pontuação nas seções A e B forem baixas, você deveria estar trabalhando para desenvolver seu potencial. Ninguém vai impedi-lo de contribuir com novas ideias.

Seu potencial criativo

48-111

Você está certo de que todos têm um enorme potencial criativo, desde que tenham a chance de demonstrá-lo. Pare de sufocar seu potencial criativo ou o dos outros. Solte-se!

112-176

Você tem um bom potencial criativo, mas está escondido atrás de si próprio, devido ao seu estilo de resolver problemas ou devido ao seu ambiente organizacional. Você pode mudar qualquer um dos três. Então, o que está esperando?

177-240

Você parece ser uma pessoa altamente criativa e com muito potencial. Continue a exercitar seu talento buscando novas formas de usá-lo: em casa, em seu *hobby* e, é claro, no trabalho.

Teste 5 - Exercício de autopercepção

Para cada tópico, distribua um total de 10 (dez) pontos entre as sentenças que você julga que melhor descrevem seu ambiente. Estes pontos podem ser distribuídos entre várias sentenças ou os dez pontos podem ser dados a uma única sentença. Depois, preencha a tabela 1 com os pontos dados.

1. De que forma eu acredito que posso contribuir para uma equipe

- **a.** Eu acho que posso rapidamente identificar e conseguir capitalizar sobre novas oportunidades.
- **b.** Eu consigo trabalhar bem com vários tipos de pessoas.
- **c.** Ter ideias é uma de minhas características naturais.
- **d.** Tenho habilidades em incentivar pessoas quando noto que elas têm algo de valor para contribuir com os objetivos da equipe.
- **e.** Tenho a capacidade de iniciar e concluir uma atividade, sendo eficiente nesse aspecto.
- **f.** Estou preparado para enfrentar impopularidade temporária se estiver lidando com algo que se mostrará valoroso ao final.
- **g.** Eu sou rápido para perceber algo que deve dar certo em uma situação com a qual sou familiar.
- **h.** Eu posso propor ações adequadas às alternativas de caminhos a seguir sem causar desvios de rota ou prejuízos.

2. **Se eu tiver uma possível falha em um trabalho em equipe, pode ser devido ao fato de que**
   - **a.** Eu não sou uma pessoa fácil de lidar, a não ser que as reuniões sejam bem estruturadas, controladas e geralmente bem conduzidas.
   - **b.** Eu sou inclinado a ser bastante generoso com aqueles que têm um ponto de vista aceitável, sem que o mesmo tenha sido apropriadamente detalhado.
   - **c.** Eu tenho uma tendência a conversar muito assim que o grupo tem novas ideias.
   - **d.** Meus objetivos particulares dificultam que eu me envolva prontamente e de forma entusiástica com meus colegas em certas atividades.
   - **e.** Eu sou visto às vezes como autoritário quando há algo que precisa ser feito.
   - **f.** Eu encontro dificuldades de liderar, talvez porque eu seja muito responsável por manter o ambiente dentro do grupo.
   - **g.** Eu fico desatento pensando em ideias que me vêm à cabeça e acabo por me desconcentrar sobre o que está ocorrendo no grupo.
   - **h.** Meus colegas tendem a me ver como alguém preocupado de forma desnecessária com detalhes de algo que possivelmente não dará certo.

3. **Quando envolvido em um projeto de outras pessoas**
   - **a.** Eu tenho uma atitude de influenciar as pessoas sem pressioná-las.
   - **b.** Sou atencioso para prevenir erros, descuidos e omissões que são feitas.
   - **c.** Estou preparado para imprimir um ritmo orientado a ações e fazer com que as reuniões não sejam uma perda de tempo e que se discutam assuntos fora do foco principal.
   - **d.** O grupo pode contar comigo para contribuir com algo original.
   - **e.** Estou pronto a aceitar uma sugestão de interesse comum.
   - **f.** Eu fico entusiasmado em buscar saber sobre as mais recentes ideias, inovações e desenvolvimentos.
   - **g.** Eu acredito que os outros apreciam minha capacidade de fazer bons julgamentos/análises.
   - **h.** Eu já começo confiante de que a essência do trabalho está organizada/definida.

4. **Minha abordagem característica para trabalhos em grupo é**
   - **a.** Eu tenho muito interesse em conhecer as pessoas melhor.
   - **b.** Eu não reluto em desafiar o ponto de vista dos outros ou para manter uma opinião própria que seja minoritária.
   - **c.** Eu geralmente encontro argumentos que refutam proposições sem sentido.
   - **d.** Eu acho que eu tenho talento em fazer as coisas acontecerem, uma vez que um plano tem que ser colocado em operação.
   - **e.** Eu tenho a tendência de evitar o óbvio e surgir com algo inesperado.
   - **f.** Eu dou um toque de perfeccionismo em qualquer trabalho em equipe do qual participo.
   - **g.** Eu estou preparado para usar meus contatos fora do grupo.
   - **h.** Embora eu esteja interessado em todas as visões, eu não hesito em tomar minha decisão assim que ela tenha de ser feita.

5. Eu tenho satisfação em um determinado trabalho porque/quando

- **a.** Eu gosto de analisar situações e medir todas as possíveis escolhas/soluções.
- **b.** Eu tenho interesse em encontrar soluções práticas para os problemas.
- **c.** Eu gosto de sentir que estou desenvolvendo boas relações no trabalho.
- **d.** Eu posso ter uma forte influência nas decisões.
- **e.** Eu posso conhecer pessoas que tenham algo de novo a oferecer.
- **f.** Eu posso conseguir adeptos que concordem comigo em determinados rumos a seguir para determinadas atividades.
- **g.** Eu me sinto especial quando posso dar toda minha atenção a uma tarefa.
- **h.** Eu gosto de atividades que exercitem minha imaginação.

6. Se de repente me for dada uma tarefa difícil, com tempo limitado para fazê-la, trabalhando com pessoas com as quais não estou familiarizado

- **a.** Eu me sentiria "jogado para escanteio" e planejaria uma ação que evitasse impasses antes de desenvolver uma linha de raciocínio.
- **b.** Eu estaria pronto para trabalhar com a pessoa que me mostrasse uma abordagem mais positiva, mesmo ela sendo uma pessoa difícil.
- **c.** Eu encontraria uma forma de reduzir o tamanho das tarefas, estabelecendo de que forma diferentes pessoas poderiam melhor contribuir.
- **d.** Meu senso natural de urgência me ajudaria a garantir que nós não comprometeríamos o cronograma.
- **e.** Eu acredito que eu me manteria calmo, e também manteria minha capacidade de pensar bem focada nos problemas a resolver.
- **f.** Eu me manteria firme, suportando eventuais pressões.
- **g.** Eu me sentiria preparado a tomar uma atitude de liderança se sentisse que o grupo não estivesse fazendo progresso.
- **h.** Eu estimularia uma discussão aberta para obtenção de novos pensamentos/ideias com vistas a dar ação às atividades.

7. Em relação aos problemas aos quais estou sujeito a enfrentar em trabalhos em grupo

- **a.** Eu mostro minha impaciência com aqueles que estão obstruindo o progresso.
- **b.** Outros podem me criticar por eu ser muito analítico e não muito intuitivo.
- **c.** Minha vontade de assegurar que o trabalho seja feito adequadamente pode fortalecer/enfatizar os procedimentos.
- **d.** Eu fico chateado/zangado quando alguém tenta me estimular.
- **e.** Eu sinto dificuldades de iniciar algo a não ser que os objetivos e metas estejam claros.
- **f.** Eu às vezes não sou claro ou preciso ao explicar alguns pontos complexos que me vêm à mente.
- **g.** Eu tenho consciência de que devo passar aos outros aquilo que não posso fazer eu mesmo.
- **h.** Eu hesito em esclarecer meus pontos quando possuem uma oposição real aos meus pensamentos.

Tabela 1 - Pontos do exercício de autopercepção

Preencha a tabela com os pontos atribuídos a cada letra dos itens 1 a 7.

Seção / Item	a	b	c	d	e	f	g	h
1								
2								
3								
4								
5								
6								
7								
TOTAL								

Totalize os pontos de cada coluna da Tabela 1 para obter o valor total que determinará seu perfil de trabalho em equipe.

Agora, transfira os TOTAIS de cada coluna da Tabela 1 para a Tabela 2. As siglas abaixo dos totais representam os vários perfis que você assume/pode assumir. Quanto maior a pontuação, maior é a influência deste perfil em sua personalidade/maneira de agir.

Tabela 2 - Perfil quando trabalhando em equipe

Seção / Item	a	b	c	d	e	f	g	h
TOTAL								
	IMP	CO	FOR	CRI	INV	MO	TE	FI

Explicação de cada perfil – Os tipos, suas preferências, forças e possíveis fraquezas

Introdução

Meredith Belbin identificou oito tipos como os citados a seguir. Um nono tipo, o especialista, também tem sido identificado – alguém que é muito envolvido e ativo em determinada área de especialização. Muitos questionários de análise de perfil de grupo ignoram este nono perfil.

Todas as pessoas são um *mix* de todos os tipos apresentados a seguir. Algumas "fraquezas" podem ser consideradas forças para uma segunda ou terceira preferência. Pessoas que são fortes em uma determinada preferência/tipo gostam de fazer estes tipos de atividades mais que outras (exemplo: um tipo formatador gosta de assumir este papel em seu grupo) e, se elas não podem fazer aquilo que querem/gostam, podem deixar o grupo e encontrar um outro onde elas possam agir de acordo com suas preferências. Por outro lado, aqueles sem uma preferência forte têm um *mix* de preferências que os permitem se adaptar a muitas situações.

Todos os tipos têm suas forças, e não existe tipo certo ou errado, melhor ou pior. Pense a respeito do seu e de como você poderá usar suas características em trabalhos em grupo.

Os tipos:

Implementador (IMP)

O implementador gosta de fazer as coisas e se envolver em tarefas práticas. Eles geralmente são "pé no chão", trabalham com afinco e também são autodisciplinados. Por outro lado, podem não atentar para todas as alternativas existentes e ser inflexíveis em suas abordagens. Têm um senso prático para as coisas, autocontrole e disciplina. Geralmente são muito leais à empresa e comprometidos em resolver seus problemas e menos preocupados com interesses pessoais. Podem não ser muito espontâneos e às vezes são muito rígidos. São muito úteis a uma organização porque são muito adaptáveis e aplicados. São bem-sucedidos porque são eficientes e têm noção do que é factível e relevante. Muitos executivos só fazem as tarefas que gostam/desejam e evitam aquelas que não se sentem à vontade/não gostam. O implementador, pelo contrário, frequentemente progride dentro da organização justamente por ter esta virtude de ser um sujeito com boas habilidades organizacionais, e ser competente em lidar com as tarefas com as quais se depara.

Coordenador (CO)

Sua característica singular é a habilidade que possui de fazer com que as pessoas trabalhem em direção a um mesmo objetivo. Sempre está pronto para liderar e saber gerenciar as contribuições que vêm dos demais, sem causar prejuízos. São maduros, muito confiantes e sabem delegar prontamente. Sabem se relacionar em grupo e identificar as habilidades individuais dos demais componentes, direcionando suas atividades para perseguir os objetivos do grupo. Mesmo não sendo talvez os mais capacitados/com mais conhecimento e com as melhores ideias do grupo, têm uma visão abrangente e são muito respeitados. Sabem se posicionar quando têm que comandar uma equipe composta por colegas de diversos perfis e características pessoais diferentes. Saem-se melhor quando comandando pessoas com posição/cargo igual ou similar ao seu do que subordinados menos experientes. Seu lema poderia ser "consultar/ouvir, mantendo o controle" e geralmente acreditam em lidar com os problemas calmamente. Em algumas organizações eles podem se confrontar com os formatadores, devido ao contraste entre seus estilos gerenciais.

Formatador (FOR)

Os formatadores são altamente motivados, com muita energia e necessidade de realização. Eles desafiam a inércia, a complacência e a decepção, trazendo energia e ação para o grupo. Frequentemente são agressivos e extrovertidos e possuem muita habilidade de direção. Eles gostam de desafiar os outros e seu interesse é vencer. Eles gostam de liderar e levar os outros a agirem. Se surgirem obstáculos, eles encontrarão uma maneira de contorná-los. Muito sólidos e assertivos, mostram uma forte resposta emocional a qualquer forma de desapontamento ou frustração. São pensadores solitários, frequentemente argumentativos e nem sempre consideram os sentimentos dos outros. São os mais competitivos dentro de um grupo. Geralmente são bons gerentes porque são voltados à ação e trabalham bem sob pressão. São excelentes em aquecer o ânimo da equipe e muito úteis em grupos em que complicações políticas podem desacelerar as ações. Como o nome diz, eles tentam impor algumas formas ou padrões nas discussões e atividades em grupo. Eles são provavelmente os mais efetivos membros de um grupo, que buscam garantir ações positivas.

Criativo (CRI)

Como o nome diz, é a pessoa das ideias. É individualista, não ortodoxo e trará imaginação e criatividade ao grupo. São inovadores e muito criativos.

Proverão as sementes e ideias que darão início aos desenvolvimentos. Normalmente preferem trabalhar sozinhos e com uma certa distância dos membros da equipe, usando sua imaginação e trabalhando de forma "fora dos padrões". Tendem a ser introvertidos e reagem fortemente às críticas. Suas ideias podem ser radicais e sem senso prático. São independentes, inteligentes e originais, porém podem ser fracos na comunicação com outras pessoas de perfis diferentes. Um de seus defeitos/fraquezas é que, geralmente, não sabem distinguir boas ideias de ideias ruins. São mais úteis em gerar novas propostas e em resolver problemas complexos. São necessários em estágios iniciais de um projeto ou quando um projeto não está progredindo. Deixam sua marca por terem sido responsáveis pela criação/identificação de novos produtos e mercados. Muito criativos em uma mesma organização ou setor organizacional, podem ser contraproducentes, já que tendem a gastar seu tempo em reforçar suas próprias ideias e combater outras.

Investigador de recursos (INV)

É a pessoa que vai para fora do grupo em busca de ajuda para as tarefas do grupo. Gostam de novidades e estão prontos para assumir desafios. São entusiásticos e extrovertidos. São bons comunicadores com pessoas de dentro e de fora do grupo/empresa/setor. São negociadores natos e gostam de explorar novas oportunidades e contatos. Embora não sejam muito bons em ter novas ideias, são muito efetivos em saber desenvolver as ideias dos outros. São muito habilidosos em determinar os recursos disponíveis e o que pode ser feito a partir deles. São muito bem recebidos pelo grupo devido à sua empatia natural. São relaxados, questionadores, e prontos para ver possibilidades em tudo que é novo. Entretanto, se não forem estimulados pelos outros, seu entusiasmo rapidamente diminui. São bons para relatar como as ideias surgiram e definir os desenvolvimentos a serem feitos fora do grupo. São as melhores pessoas para se fazer a ponte fora do grupo e as negociações necessárias, bem como para obter informações.

Monitorador/avaliador (MO)

É o que observa e registra todos os passos/progressos do grupo. São sérios, prudentes e são "imunes" ao entusiasmo. Não tomam decisões rápidas, preferem pensar bastante primeiro. Têm uma habilidade considerável de pensar criticamente. Julgam as coisas levando todos os fatores em consideração. São bons em analisar problemas, avaliar ideias e sugestões. São muito bons em pesar os prós e os contras das opções. Para muitos observadores externos, eles podem parecer ásperos, chatos e demasiadamente críticos. Podem ser difíceis de serem motivados e de inspirar os outros, pois naturalmente permanecem na retaguarda como observadores. Algumas pessoas ficam surpresas pelo fato de se tornarem gerentes, porém muitos deles ocupam posições estratégicas e crescem nas organizações. Para eles, a pessoa só não está errada se suas premissas prevalecerem/se mostrarem as mais corretas ao final.

Trabalhador em equipe (TE)

É a pessoa que se oferece para trabalhar pelo grupo. São os membros que mais dão suporte a um grupo. São sociáveis e preocupam-se com os demais. São flexíveis e adaptáveis a diferentes situações e pessoas. Percebem as coisas e são diplomáticos. São bons ouvintes e geralmente membros populares de um grupo. São sensíveis no trabalho, mas podem ficar indecisos em situações críticas. Seu papel é o de prevenir problemas de relacionamento no grupo, fazendo com que os membros da equipe continuem trabalhando de forma eficiente. Como não gostam de atritos, rodeiam bastante certas situações para evitá-los. Não é incomum que se encontrem vários gerentes seniores com este perfil, especialmente se os gerentes médios forem do tipo formatadores. Isto cria um clima no qual a diplomacia e a habilidade de percepção do TE se torna um ativo real, especialmente em um regime gerencial onde os conflitos estão sujeitos a acontecer ou serem artificialmente suprimidos. As pessoas cooperam mais quando eles estão à sua volta.

Finalizador (FI)

São os que finalizam bem qualquer tarefa, colocam os pontos nos "is". São muito detalhistas e não gostam de começar algo que não possam concluir. São motivados por uma ansiedade interna, apesar de externamente parecerem calmos. Geralmente são introvertidos e não precisam de muito estímulo ou incentivo externo. Podem ser intolerantes com algumas pessoas sem disposição. Não gostam muito de delegar e preferem desenvolver as tarefas eles mesmos. Seu defeito é a tendência a serem muito ansiosos, detalhistas e perfeccionistas. Por outro lado, sua contribuição é enorme quando uma tarefa precisa de concentração e alto grau de precisão para ser feita. Eles sempre imprimem um senso de urgência dento de um grupo e são bons em lidar com os cronogramas das reuniões. Ao gerenciar, eles podem ser excelentes devido ao alto padrão que desejam, devido sua precisão e atenção aos detalhes de certas atividades.

Referências que serviram de base para os testes anteriores:

[1] TIMMONS, J. A. *New Venture Creation.* 4. ed. Boston: Irwin McGraw-Hill, 1994. Testes 1 e 2.

[2] KING, A. S. Centre for Enterprise/Discovering Entrepreneurship, 2000 (1985). Testes 3, 4 e 5.

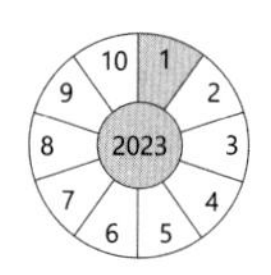
10
1
2
9
2023
3
8
7
4
6
5